みるみる英語力がアップする 音読パッケージトレーニング

森沢 洋介 ★著
Howard Colefield 英文校閲

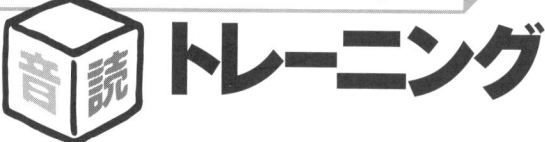

はじめに

　日本では、ほとんどの人が中学、高校の学科あるいは受験科目として英語を学びます。この過程でしっかりと英語に取り組んだ方は、かなりの語彙、文法、読解の力を身につけます。しかし、残念ながら、これだけでは英語を実用的に使いこなすことができません。そのため、学校英語・受験英語に対する批判、極端な場合は不要論が、繰り返し起こってきました。確かに学校や受験で教えられる英語には多少の修正は必要でしょう。しかし、外国語を習得するために、まず基礎的な語彙・文法を学び読解力をつけることは間違った方法ではありません。一定の年齢になってから、その言語が日常的に使われることが全くない環境で習得を目指すなら、むしろ最善の方法でしょう。

　英語を使えるようにならないのは、語彙・文法・読解を学ぶのが足らないからではなく、こうした基礎知識がスキルに変わっていないからです。学科学習、受験勉強でつける英語力はほぼ知識の段階で止まっています。実用英語を身につけるためには、この静止した知識を動かす必要があります。「知っている」を「できる」に変えるということです。そのためには文字だけで文法問題を解いたり、英文を読み解いたりするだけの学習から脱し、言語の本質的な姿である音声を用いたトレーニングをすればいいのです。私はこれを「稼働系（運動系）トレーニング」と呼んでいます。外国語を話したり聴いたりする実用能力を得たければ、どこかの段階で稼働系トレーニングをしなければなりません。

外国語の知識を実用的なスキルに変える稼働系（運動系）トレーニングですが、具体的には、理解できる英文あるいはフレーズを耳・口という音声器官を通じ、出し入れすることに尽きます。音読はこの稼働系トレーニングの代表的なものです。音読は外国語を身につけるための、実に伝統的で且つ確実な方法です。その言語が話される国に行かず、外国語運用力を獲得した人は、ほぼ例外なく、学習法の重要な一部として音読を実践しているでしょう。私自身も中学時代に、音読を通じて一生ものの英語の基礎を身につける機会に恵まれました。

　効果が高く、是非行いたい稼働系トレーニングとしては、他にリピーティング、シャドーイングといった方法があります。ただ、これらのトレーニングを同時並行的にすべて行うのは時間、教材コストの点で難しく、学習初期の方には複雑なトレーニングプランを作成することも困難でしょう。確かに、外国語が上達するにつれて、さらなる力の向上を図るなら、やや複雑な学習・トレーニングを行う必要がでてきます。しかし、初級から中級段階では、それほど複雑なプラン・方法は必要ありません。稼働系トレーニングを一本化することで、多くの教材の間で迷ったり、複雑なプランで混乱することがなくなります。

　本書で紹介する音読パッケージは、効果の高い音読、リピーティング、シャドーイングを同時に行うことのできるトレーニングです。リピーティングとシャドーイングはリスニング力を向上させるためのトレーニングとして扱われることが多いのですが、理解できる英語を、音声器官を通じて出し入れするという点を、音読と共有しています。従って、それぞれの方法が互いに衝突することなく、融合的・

相乗的な効果を得ることができます。音読パッケージによって、英語を返り読みや日本語への翻訳無しに、英語の語順のまま直接、感覚的に理解するという音読の本質的な効果の他、リスニング力も大きく向上させることができます。

　外国語の学習は、無数の川を渡っていくような行為です。英語を音声で直接的に処理できる、いわば「英語体質」を手に入れることは、最初の大きな川を渡ることです。本書を使い、多くの方が英語体質を獲得することを願っています。

森沢洋介

みるみる英語力がアップする音読パッケージトレーニング● CONTENTS

音読パッケージとは 8
- 英語学習の2分野 8
- 音読トレーニングのパッケージ化 10
- 音読パッケージに使用する素材 12

本書を使った音読パッケージトレーニングの行い方 14
- 先行リスニング 14
- 聴き解き 17
- 音読パッケージのメインパート 21
- リピーティングとシャドーイング 21
- リピーティングの行い方 21
- シャドーイングの行い方 23
- メインパート手順 23
- サイクル回し 27
- 本テキストでの音読パッケージの仕上がり 27
- 並行リスニング 29
- 素材のおかわり 30

レベル向上と音読パッケージトレーニングの変化 34

本テキストの構成・内容について 36
- 英文について 36
- 訳について 36
- Notes 37
- CD 37

Program One	外国語学習法	39
Program Two	ついてない日	53
Program Three	お気に入りの時間	65
Program Four	ジョーク集―1	75

Program Five	さまざまなアナウンス	83
Program Six	禁煙	93
Program Seven	体形と体調の保ち方	107
Program Eight	ジョーク集—2	117
Program Nine	クリスマスプレゼント 　　O・ヘンリー短編より	125

Notes 137

Program One	外国語学習法	138
Program Two	ついてない日	142
Program Three	お気に入りの時間	144
Program Four	ジョーク集—1	146
Program Five	さまざまなアナウンス	147
Program Six	禁煙	150
Program Seven	体形と体調の保ち方	154
Program Eight	ジョーク集—2	157
Program Nine	クリスマスプレゼント 　　O・ヘンリー短編より	159

私と音読 163
　中学時代の転機
　音読と意味理解

音読パッケージとは

英語学習の2分野

　外国語を読み、聴き、話せるようになるためには、2つの分野の学習・訓練を行う必要があります。まず、文法の基本を学び、読解をして、基礎語彙を覚えるといった**学習系、あるいは頭脳系**の訓練があります。ほとんどの日本人は英語に関して、学校や受験勉強でこれを行っています。母語に関しては、私たちはこのような意識的な学習なしに自然と身に付けてしまいます。しかし、幼児が母語を習得するのとまったく同じように外国語を身につけることは、あまり現実的ではないでしょう。年齢や環境の条件が違い過ぎるからです。一定の年齢になってから、その言語が日常的に使われていない環境の中で外国語を習得するには、やはり学習から入るのが確実な方法でしょう。ですから、学校の授業や受験勉強で、文法や読解を学ぶことは、意義のあることだし、必要なことです。逆に学生時代に勉強をさぼってしまったけれど、社会に出てから英語が必要になった、あるいは身につけようと決意した人は、学生時代にやらなかった学習を、遅ればせながらする必要があります。

　問題は学生時代に英語を勉強して、受験などでは成果を上げてきた人でも、それだけでは英語を実用レベルで使えないことです。外国語を使いこなせるようになるためには、学習系だけではなく、もう一つの分野、**稼働系、あるいは運動系**の訓練を行う必要があります。稼働系（運動系）のトレーニングとは、音読を筆頭に、リスニング、リピーティング、シャドーイングといった耳と口を使う作業で、学習で得た知識を技術＝スキルに変え稼働させることです。学習でま

ず知識の枠組みを作りあげることは必要ですが、それだけでは、いわば土地を買ったものの、その後有効な活用をせず更地のままにしているようなものです。稼働系トレーニングで、枠組みの内側の空洞を、スキルで埋めていかなければいけません。

文法や読解の学習系だけで、
稼働系のトレーニングをしないのは、
土地を買って、更地のままに
しておくのと同じ

音声を使う
稼働系のトレーニング

しっかり
有効活用!!

本書で紹介する音読パッケージは、すでに持っている英語の知識をスキルに変えるための強力な稼働系トレーニングです。

音読トレーニングのパッケージ化
　音読は外国語を習得するための伝統的な学習法です。私は、**外国語の力をつけるためには、文構造・意味を理解できる文・フレーズを自分の音声器官を使い（聴き、口にして）肉体化する**ことに尽きると考えています。音読はこのうちの「口にする」という作業です。英文を音読することによって得られる効果の代表的なものは、英語を言語として直接受け入れることができることです。返り読みをしたり、日本語に直したりせずに、英語の語順のまま直接理解できる

音読パッケージで、英語を直接理解して、
聴き取れる**「英語体質」**に変身！

ようになるのです。いわば「**英語体質**」といったものが作られるのです。音声を使わず、英文を和訳したり、読解問題を解いたりといった学習だけでは、この体質変化は起こりません。英語を使う環境にいない人が、音読的な訓練をまったくやらずに、英語を感覚的に受け入れる英語体質を作ることはできないでしょう。学習・訓練によって英語を習得した人たちが、異口同音に音読の重要性を語るのは当然なことです。

　英語を身につける上で極めて効果的で、必須の音読ですが、本書で紹介する音読パッケージは、音読を軸にして、その効果を倍増するトレーニングです。テキストを読み上げる音読では、「理解できる英文を口にする」ことはできていますが、「聴く」という側面が欠けています。従って、英語を聴き取る力をつけるために、それとは別にリスニング、リピーティング、シャドーイングなどを行うことになります。しかしこれらのトレーニングを、異なるテキストを使ってそれぞれ独立して行うのは、時間の点で大変負担になるし、作業も煩瑣(はんさ)なものになります。

　音読パッケージでは、これをすべてパッケージにして、1つのテキストで音読、リスニング、リピーティング、シャドーイングを行ってしまいます。英語力が上級になると、確かに学習素材やトレーニングの多様性が必要になっていきますが、学習の初期から中期（TOEIC300台から600台位まで）にかけては、あれもこれもと手を広げず、1つの素材を音読パッケージすることによって、着実に英語力を付けていくことができます。

シャドーイング

音読

リピーティング

音読・リピーティング・シャドーイングをパッケージ化すれば、テキストひとつでいいよ！

音読パッケージに使用する素材
《素材のレベル》
　音読パッケージは、既に持っている知識に刺激を加え、感覚的に使えるスキルに変えることを目的とする稼働系（運動系）トレーニングです。トレーニングに使う教材は、**テキストの英文を見てしまえば、構文、語彙において知らないものがない、楽々と理解できるもの**を使用します。読んでわからないものは音読パッケージの素材として適当ではありません。極端な例として、高校入試の英語長文がやっと読める程度の初級者が、読解できない英字新聞の社説などを音読しても、ほとんど効果はありません。自分の読解のレベルを10とすると、音読パッケージに使用する教材は、5〜7程度の、余

裕のあるものが適しています。

　基礎力の枠が大きく、読解力が高い人は、トレーニングが進むにつれ教材のレベルをどんどん上げ、音読パッケージ素材をさまざまなものから選んで行けます。逆に、基礎力の枠が小さく読解できるものが限られている人は、素材のレベルを上げる前に、学習系の訓練で読解力を引き上げなければなりません。

　本テキストは、中学レベルの英文で書かれ、語彙も制限し、やや難しい語句には語注を入れていますので、広い範囲の層にお使いいただけますが、ご使用いただく中心層として想定したのはTOEIC300台〜500台前半までの、初級から初中級の学習者の方々

自分の読みのレベル10に対して
5〜7程度の難度の素材で、
余裕を持って行うと
どんどん進むよ！

テキストのレベルが
高すぎて負荷が
重すぎるよ〜

です。しかし、それ以降のレベルだけれど、音読に類したトレーニングをあまりやったことがなく、これから本格的に始めてみようという方には、ウォーミング・アップ教材としてお使いいただけます。

《素材の長さ》
　音読パッケージ・トレーニングでは、1つのテキストを何度も繰り返します（サイクル回し）ので、あまり長大な素材を使うとなかなか1回りせず、トレーニングが重く辛いものになってしまうので、適切な長さのものを使うことをお勧めします。

　長すぎるものは避けたいですが、あまりにも短いものだと、栄養分に乏しく、また暗記が起こってしまいやすく、自然な刷り込みを起こすのに不適切です。

　しっかりと力の付くトレーニングを行うためには、ポーズの入っていないノーマル音源で、20分から40分の素材が適切でしょう。

　本テキストのノーマル音源のCDは約40分ですので、かなりボリュームのある部類です。すこしタフだなと感じる場合には、2つに分割して、2つのトレーニング素材として使用してもいいでしょう。

本書を使った音読パッケージトレーニングの行い方

先行リスニング
　音読パッケージ・トレーニングの最初のステップとして、ポーズの無いノーマルCDを使ってリスニングを行います。テキストは一

切開かず、英語の音声だけを聴いて下さい。日本人の英語学習は、英語が学科や受験の科目とされているため、文字依存が非常に強いものです。日本語が漢字のような表意文字を使うこともあり、我々は視覚的に意味を理解する傾向も強いですが、英語をはじめとする欧米語ははるかに音にもとづく言語です。解答用紙に答えを書いて終わる「学科英語」ではなく、「実用英語」を習得することも目的とする場合、まずは**文字依存からの脱却**をする必要があります。

> 文字依存から脱さなきゃ
> 言語の本体は音声だよ

　本テキストのノーマル CD は約 40 分ですが、プログラムやセクションごとではなく、全体（2 分割する場合は分割したものの全体を）を通して聴いて下さい。音読パッケージに使うテキストは文字を見て読んでしまえば、余裕を持って理解できるものを使用します。ですから、繰り返し聴くにつれて、霧が晴れるように徐々に内容の理解が深まっていくでしょう。比較的力がある人なら 1 回目からほと

先行リスニング

テキストは開かない

文字に頼らず音声だけで理解するぞ

CDを聴き、音声だけで内容を理解する

繰り返し聴くうちに内容がだんだんわかってくる

ん！だんだんわかってきたぞ

音声だけでは、もうこれ以上わからないという段階まで数日続ける

もうこれ以上はテキストで確かめないとわからないな

んど理解できる場合もあるでしょう。しかし読めば簡単にわかる英文でも、さまざまな原因で、音声だけでは完全に理解しきれない部分が残るでしょう。まずは、音の連結です。この現象に慣れていないと簡単なフレーズでもわからないことがあります。pick it up や look at といった複数の単語からなるフレーズが、1語のようにつながり、それぞれ「ピキィッアッ」、「ルカッ」などのように聞こえるのが一例です。また、日本人の英語学習は文字媒体中心なので、読んでわかる語彙と聴いて理解できる語彙に大きな差があるのが一般的です。これも聴き取りによる理解を阻む大きな要因です。理解の深まり方には個人差があるでしょうが、このテキスト全体のリスニングを、もう音声だけではこれ以上わからないという段階に至るまで数日間続けます。

聴き解き

　先行リスニングが終わったら、音読パッケージ・トレーニングに入っていきます。音読パッケージでは、テキストを何回も繰り返す「**サイクル回し**」を行いますが、最初のサイクルで、テキストを使って音声と文字を突き合わせ、確認していく「**聴き解き**」という作業を行います。聴き解きでは、いきなり英文全体を見てしまわず、センテンス、フレーズごとに確認していきます。紙片などの目隠しを使うとやりやすいです。音声を1センテンス、あるいは1フレーズ聴き、聴き取った英語をリピーティングして（そのまま繰り返して）、それから目隠しをずらして、その部分だけを見て照合していきます。数度聴いて聴き取れないものは、あまり粘らずテキストを見て確認してください。

　母語である日本語なら、我々は聴いたもののリピーティングがた

やすくできるものです。これは、音韻体系、文法、語彙が刷り込まれ、ストックされているからです。これが外国語の英語となると、読んでしまえばたやすくわかる内容でも、聴き取れなかったり、リピーティングしても、さまざまな間違いを犯してしまうものです。トランスクリプト（英文を文字化したもの）を使わない、聴くだけのリスニングでは、推測による理解にとどまってしまう部分が多いので、リスニングを済ませた後、必ずこの聴き解きを行ってください。

　聴き解きを行うと、今まで文字だけで触れていたり、何となく聴いていた単語・フレーズが音声として発された際のリアルな表情をしっかりと確認することができます。文字にされてしまえば、一つの単語は常に同じ姿です。しかし、実際には同じ単語・フレーズでも、音声化された時は、音の連結、現れる位置、その他の要因でかなりの幅を持っています。音声的なトレーニングをほとんどしてこなかった人に聴き解きをしてもらうと、テキストで確認した後も、「とてもそう言っているようには聞こえない」と戸惑いを見せることが多いものです。文字というのはいわば言語の死骸、あるいは標本のようなものです。音声こそその言語の生きた姿で、それだけに活きが良くしばしば捕えがたいものです。しっかりと聴き、文字と照合することで、徐々にこの捕えがたさは薄れていきます。

　聴き取った後、英文を見て確認し、音声と文字が一致しているのを納得することを、私が主宰する教室では「**耳を合わせる**」と言っています。トランスクリプトを確認した後でもそう言っているようには聞こえない—つまり耳が合わない時には、その場でモデル音声を真似てみてください。音声を一時停止して、聴いた音声を繰り返すリピーティングや、音声にかぶせて同じことを言うオーバーラッ

音声を聴き、聴き取ったセンテンス、フレーズを
正確にリピーティング
してみる

テキストを見て、照合する

Della
was Christmas. Although
wanted to buy a present
Jim, all she had was one dollar

紙などでかくして、
少しずつずらしていくと
やりやすいよ！

あ、こういって
いたのか！

あ、完全に
聴き取れたと思ったら、
前置詞、冠詞を聴き
落としていたよ！

文字と音声を一致させる
作業（耳合わせ）を行う

耳が合いにくい時は、
リピーティング、
オーバーラッピングを
してみると合いやすくなる

う〜ん、
このフレーズは
耳合わせが
むずかしいな

ピングを数度繰り返すと、耳が合いやすくなります。しかし、すべての単語、フレーズに対してその場で耳が合うとは限りません。そんな時にはあまりむきにならず、そう言っているものと割り切って次に進んでください。

　英語の音声を聴き取る力は、文法などのように新しいことを覚え、その場で力がアップするというものではありません。技量が質的に変わらなければならないので、向上するには一定の期間が必要です。例えば、ウェイト・トレーニングで、きょう50キロのウェイトしか持ちあげられない人が、どんなに頑張ってもその日のうちに、100キロが上がるようにはならないのと同じです。今耳が合う部分をしっかり聴き、理解することによって、質的な変化が起こり、今耳が合わない個所も、しばらくすると受け入れられるようになってきます。

　このように全体の通し聴きをしていた英文を、セクションごとに聴き解き、いよいよ声を出す、音読パッケージの本体部分に移っていきます。

*聴き取った英語を書き取っていくと、ディクテーションになります。ディクテーションはリスニングを鍛える伝統的なトレーニング法です。英文を書き取るということは、その分時間も余計にかかりますが、単語の綴りや、綴りと発音の相関関係を学ぶことができ、得るところも多いので、こうしたことがまだ身についてない初心者は聴き解きをディクテーションで代用してもいいでしょう。

音読パッケージのメインパート

　メインパートでは、声を出して、セクションごとに音読、リピーティング、シャドーイングを行います。ここで、その手順、反復回数、注意点などを説明します。

リピーティングとシャドーイング

　音読パッケージは、テキストを見ながら読み上げる音読を、リピーティングとシャドーイングでサンドイッチにして、効果と効率を上げる方法です。リピーティングもシャドーイングもリスニングのトレーニングとして紹介されることが多いのですが、意味の分かった英文を口から出すという作業を音読と共有しており、音読とパッケージにしてトレーニングすることで、音読の効果をより大きなものにしてくれます。この両トレーニングについて解説しておきます。

リピーティングの行い方

　ポーズ（休止）のある音源を使い、モデル音声を1センテンス、あるいは1フレーズ聴き、ポーズの間に、そっくり繰り返すのがリピーティングです。単に、音声を繰り返すだけでなく、文構造・意味をしっかり理解しながら行います。聴いて理解した音声を一旦保持する必要があるため、リピーティングは、リテンション（保持）トレーニングとも呼ばれます。

　母語ではどんなものでも、その場でリピーティングが可能です。料理の手順だろうと、新聞の社説であろうと、誰かがそれを読み上げて、無理のない長さで休止してくれれば、それをそのまま繰り返すことは、日本語ならばたやすいことです。これは、我々には、母語である日本語の音韻体系、文法、（大人であれば）十分な語彙がス

トックされてしまっているからです。

しかし、ひとたび外国語となると、いきなり聞かされる音声をリピーティングするのは、たとえ読んでしまえば簡単に理解できる内容であろうと、非常に難しいものです。逆に言えば、どんな種類のものでも、それを聴き取って理解し、完璧にリピーティングできるなら、その外国語をマスターしていると言えるでしょう。

リピーティングトレーニングでは、学習者は音声をよく聴き、トランスクリプト（英文を文字化したもの）で確認し、そのトランスクリプトの助けを借りながら、リピーティングして、最終的にテキストを見ずにリピーティングしていきます。これにより、英語の音声としてのストック、保持能力などが鍛えられ、リスニング力を筆頭に英語力の多方面を向上させることができます。**音読パッケージでは、テキストを見ないリピーティングの完成をトレーニングの仕上がりとします。**

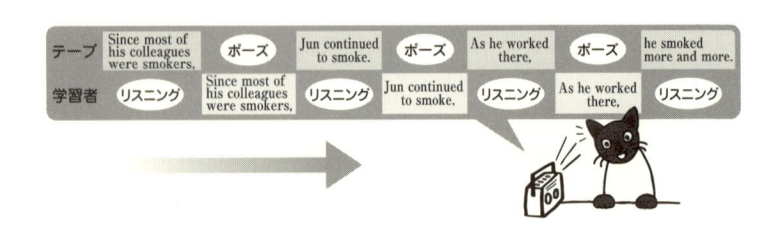

テープ	Since most of his colleagues were smokers.	ポーズ	Jun continued to smoke.	ポーズ	As he worked there,	ポーズ	he smoked more and more.
学習者	リスニング	Since most of his colleagues were smokers.	リスニング	Jun continued to smoke.	リスニング	As he worked there,	リスニング

シャドーイングの行い方

シャドーイングは、聴いた音声を間髪入れずそのまま繰り返していくトレーニングです。その名の由来は、影（shadow）のようについていくことからです。トレーニングを行う際には、リピーティングと違い、ポーズの無い普通の読み上げ音声を用います。聴いた音声をリスニングして理解しつつ、同時に、一瞬前にリスニングしたフレーズを繰り返す並列的なトレーニングで、難しそうに思えるかもしれませんが、実際に行ってみればじきに慣れます。

シャドーイングは、通訳者の基本的トレーニングとなっており、やり方も様々で、1センテンス遅れて、2センテンス以上遅れてと、トレーニングの難度・負荷を増す方法もあります。しかし、本テキストで行うのは、一瞬待って、1語遅れ程度でついていく基本的方法で結構です。

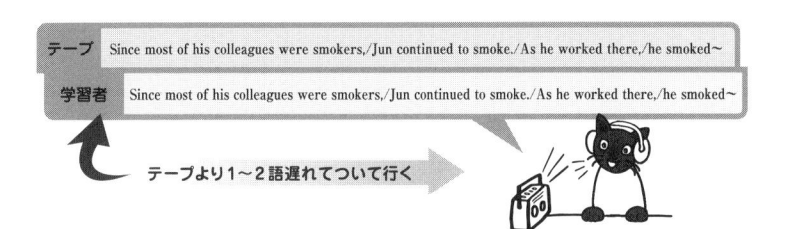

| テープ | Since most of his colleagues were smokers,/Jun continued to smoke./As he worked there,/he smoked~ |
| 学習者 | Since most of his colleagues were smokers,/Jun continued to smoke./As he worked there,/he smoked~ |

テープより1〜2語遅れてついて行く

メインパートの手順
①テキストを見ないでリピーティング

1セクションを、テキストを見ないでリピーティングしてみます。音読パッケージでは、1セクションごとにテキストを見ないリピーティングを完成していきます。まずは、その状態とどれくらい隔たりがあるか確認してみましょう。

読んでしまえば簡単で、なおかつ聴き解きを済ませた英文でも、いきなりテキストを見ないでリピーティングを行うとなかなか難しいものです。肉体系トレーニングの経験があまりなく英語体質ができていない学習者は、沢山の間違いを犯したり、あるいはリピーティングがほとんどできないかもしれません。逆に、力のある人はほとんどリピーティングができるかもしれません。どちらにしても、このテキスト無しのリピーティングで、仕上がり状態との開きを確認し、気をつける箇所などを浮上させます。

②テキストを見ながらリピーティング

　テキストを見ながらリピーティングを行います。①で浮上した問題点に気をつけながら、しっかりとモデルの音声を聴き、発音やイントネーションを真似て下さい。ここで気をつけるのは、テキストを開いたとたんに「文字依存」を起こし、モデル音声を聴くことをおろそかにしないことです。文字はあくまでも補助として使う感じで、主役は音声であることを忘れないでください。3〜5回くらいリピーティングします。

　力のある人は、この段階でテキストから目を離し、危なっかしいところをちらちらと見るだけにしてもいいでしょう。

③音読

　CDを止め、テキストだけで音読します。②の作業で聴覚的な残像のように耳に残っているモデル音声を再現するように行います。英語を音声化することによって、単語・フレーズや構文のストック化が起こります。音読はリピーティングと比べ同じ時間、より多くの英語を口にすることができ、ストックを作るのに効率的です。同時に機械的になりやすいので注意して下さい。意識が飛んで、口だ

けが動いているということにならないように、文構造・意味をしっかりと把握しながら音読して下さい。暗記をしようとする必要はありません。英文を自分の中に落とし込む感じで、納得感が得られるまで音読します。機械的に回数をこなす必要はありませんが、納得感が得られるまで行えば、10〜15回位の回数になるでしょう。

力がある人は、英文をさっと見たあと目を離して再生するようにしてもいいでしょう。それが安定してできるようなら、回数もずっと下げて結構です。

④テキストを見ないリピーティング

1セッションの仕上げステップです。テキストを見ないでリピーティングを行います。間違えず安定してできれば、快適に3回位繰り返します。このように理解できる英語音声を、文構造・意味を完全に理解しながら、快適に負荷なくリピーティングすることは英語のストックを蓄積し英語の総体的な力を増すのに非常に効果的です。

基礎レベルの学習者では、①〜④のステップの後でも、テキストを見ないリピーティングが困難なことは少なくありません。この際は、決して無理に行わず、②のテキストを見ながらのリピーティングを再び行ってください。サイクル回しで同じプログラムとセクションを何度も繰り返すのですから、その過程でテキスト無しのリピーティングができるようになれば良いのです。

このステップでの注意点は、音声をしっかり聴き文構造・意味を理解し、ポーズの間のリピーティングの際にも、意味を込めながら繰り返すことです。リピーティングはできていても、音声を注意し

て聴かず、リピーティングも上の空で覚えてしまったフレーズを口から出すだけでは、効果は薄いものになってしまいます。

> ＊トレーニングが進み、英語体質ができてくると、読んでわかるものなら、聴き解いた後はいきなりテキスト無しのリピーティングができるようになってしまいます。そのレベルになるとトレーニングの形態は反復回数が極端に少ない淡白なものになります。

⑤シャドーイング

　最後にシャドーイングを行います。音読パッケージで行うシャドーイングは、音声の後にすぐについていくもっとも基本的なものですから、④のテキストを見ないリピーティングより簡単で、クールダウン的な要素もあります。3〜5回くらい行ってください。

　基本レベルの学習者でシャドーイングにも慣れていないと、テキストを見ないシャドーイングが難しいこともあります。その場合はテキストを見て行ってください。リピーティングと同じように、サイクルを回すうちに、テキストから目を離せるようになれば結構です。

　音読パッケージのメインパートでは、このように、1つのセクションごとに、リピーティング、音読、シャドーイングで反復しますが、その回数は最初の1サイクル目では、合計で20〜30回位になります。但し、回数を機械的にきめる必要はありません。メインパートのゴールである、テキストを見ないリピーティングが仕上がるのに必要な回数が適正回数です。1サイクル目ではテキストを見ないリピーティングが仕上がらない方は、上限の30回の反復をするとよい

でしょう。逆に、力がある人は1サイクル目から、15回前後の軽い回数で行って構いません。

　これで1セクションのトレーニングが終了です。そのまま、次のセクションに進んでください。どんどん先に進みテキストの最後まで行ってください。

サイクル回し
　テキストの最後まで、セクションごとにトレーニングしたら、最初に戻り、2回り目のトレーニングを行います。聴き解きは1サイクル目に済ませているので、メインパートだけを行います。既に1サイクル回しているので、1セクションあたりの回数は初回より少なくなるでしょう。1サイクル目と同じようにテキストの最初から、最後までセクションごとに行ってください。2サイクル目が終わったら、3サイクル目に移り、さらにサイクル回しを重ねていきます。サイクルを増すごとに、セクションごとの反復回数は減り、1サイクル回すのに要する期間も短縮されていきます。

本テキストでの音読パッケージの仕上がり
　サイクル回しを重ねていくと、やがて、いきなりテキストを見ないリピーティングができるようになります。プログラムやセクションごとにその状態になるスピードは異なるでしょうが、弱点の箇所や仕上がりにくいセンテンスやフレーズは、重点的に練習して下さい。最終的に、ポーズ付きのCDを流しっぱなしにして、テキスト全体に対して、テキストを見ないリピーティングができるようになれば本テキストでの音読パッケージは終了です。

＊注意点　サイクル回しは、テキスト全体を通して行ってください。プログラムやセクションごとに行うと音読パッケージの目的である刷り込みではなく、単純な暗記が起こってしまうので、途中で戻るのでなく、テキストの最初から最後まで一気に進んでください。

トレーニング全体の流れ

先行リスニング　テキスト全体を通して行います

❶ サイクル目

聴き解き　1サイクル目のみ行います

メインパート
- ①テキストを見ないリピーティング
- ②テキストを見ながらリピーティング
- ③音読
- ④テキストを見ないリピーティング
- ⑤シャドーイング

メインパートに入ったらセクション毎に行うんだよ

サイクル回し

プログラムやセクション毎ではなく、テキスト全体に対してサイクル回しを行う

どの箇所でもテキストを見ないリピーティングができるようになったら完成

学習者のレベルにより、トレーニング終了までのサイクル数、反復回数は異なります

	1サイクル目	2サイクル目	3サイクル目	4サイクル目	5サイクル目	6サイクル目	7サイクル目
TOEIC 300台位の学習者	30	+ 20	+ 15	+ 10	+ 10	+ 10	+ 10 完成
TOEIC 450〜500台位の学習者	20	+ 15	+ 10	+ 8	+ 7	+ ③	+ ③ 完成
TOEIC 600台位の学習者	15	+ 12	+ 8	+ ③	+ ③ 完成		

テキストを見ないリピーティングのみ

※これはあくまでも一例であり、サイクル数、反復回数はこの例に厳密に従う必要はありません。

並行リスニング

　音読パッケージを始める前に、ポーズの無いノーマル音源CDで先行リスニングを行いましたが、このノーマル音源でのリスニングは、音読パッケージを行いながら、並行して続けて下さい。例えば、声を出す音読パッケージ・トレーニングを自宅で行うならば、通勤の列車の中や、ウォーキングしながら、並行リスニングを行うスタイルを取ると良いでしょう。音読パッケージを行った箇所は非常に良く理解できるので、1サイクル終えた後は、精度の高いリスニングが可能となります。

よく、テキストも持っていない音源をただリスニングするだけのトレーニングを行っている学習者がいますが、初級から中級の学習者には、テキストを読み解いた英文を、しっかりした理解を伴って繰り返すリスニングの方が、はるかに効果があります。

　音読パッケージを行いながら、並行リスニングを続けていくと、同じ英文を聴くので、どんどん楽に理解することができるようになります。テキストを見ないリピーティングを完成の基準とする音読パッケージより、並行リスニングの方が先に完成してしまいます。こうなると新味の薄れた内容に脳が退屈して、受けつけなくなるので、そうなったら、次の音読パッケージのノーマル音源の先行リスニングを始めて下さい。このように素材Aの先行リスニング→素材Aの音読パッケージ＋素材Aの並行リスニング→素材Aの音読パッケージ＋素材Bの先行リスニングというように進めていくと、極めて効率的なトレーニングの流れを作っていくことができます。また、初級から中級までは、特にリスニング素材を音読パッケージの素材とは別に求める必要がなくなります。

素材のおかわり
　一つの教材で英語力が完成することはありません。音読パッケージも一つの素材が終わったら、次の素材に移り、それが終わればまた次の素材というように、おかわりをしていきます。本テキストを2分割してトレーニングを行った方は、分割した後半部が、最初のおかわりとなるわけです。

　一つの素材を終え、次に移る際は、徐々に英文の難度、音声のスピードなどレベルを上げていきます。しかし、音読パッケージ・トレー

ニングをしっかりと行い、英語体質が出来上がっていくにつれ、たとえ素材のレベルが上がっても、むしろトレーニング負荷はどんどん軽くなっていきます。

　一定レベルに達するまでは、一つの素材を何度も繰り返すサイクル回しをするので、リピーティング用のポーズ付き音源が欲しいものです。使用機材の一時停止機能でも代替できますが、サイクル回しを行う素材なら、ポーズ付き音源を使う方がはるかに快適で、トレーニング効率も上がります。

　自分でいちいち一時停止ボタンを操作しながらレーニング行うと、聴き、リピーティングというトレーニングの流れのスムーズさが、ボタンの押し戻しという細かな動作に分断されるからです。ポーズ付き音源を使ってリピーティングを行うと、完全にトレーニングに集中できます。サイクル回しをして、一つの素材と比較的長く付き合うステージでは、是非ポーズ付き音源を使うことをお勧めします。

本テキストにはポーズ付き CD がついていますので、リピーティングの際にはこれを使ってください。問題は本テキストでのトレーニングを完成した後です。ポーズ付き音源が付いた教材が極めて少ないからです。しかし、ポーズ付き音源は簡単に自分で作れますので、面倒くさがらず、作ることを強くお勧めします。1 回作ってしまえば、その素材でのトレーニングが実に快適になります。

　ダブルカセットデッキを使用した、ポーズ付き音源の作り方をイラストで説明しておきます。

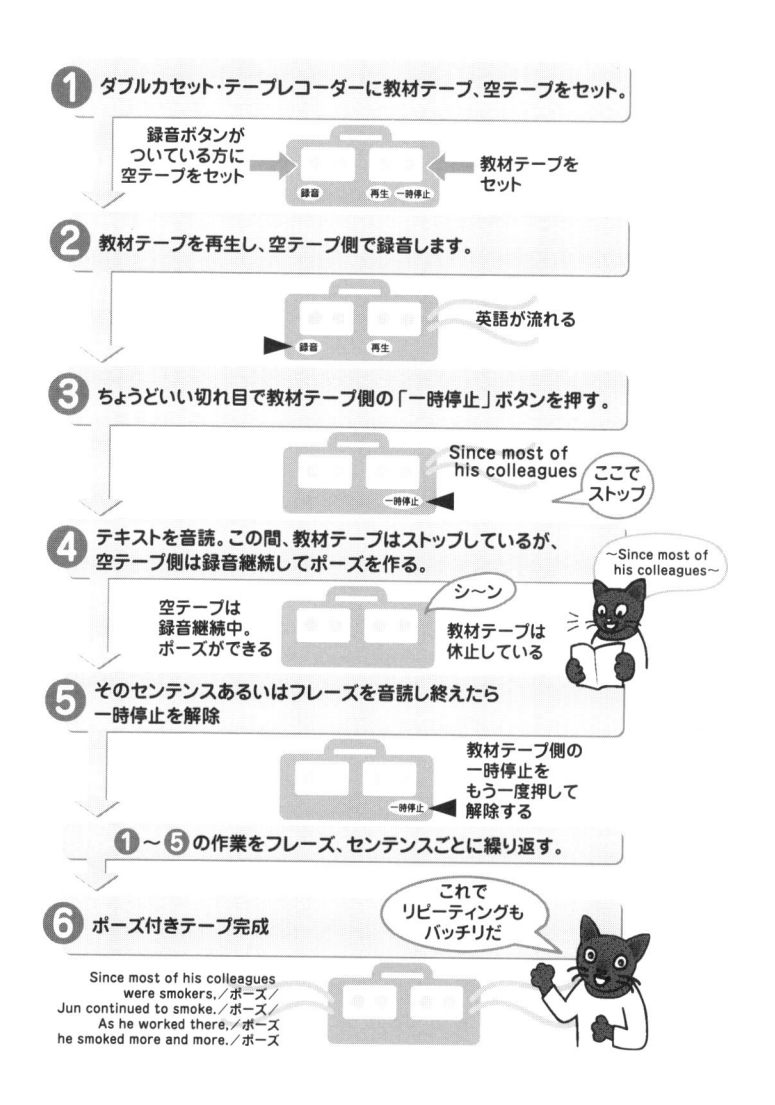

❶ ダブルカセット・テープレコーダーに教材テープ、空テープをセット。

録音ボタンが
ついている方に
空テープをセット → ← 教材テープを
セット

録音　再生・一時停止

❷ 教材テープを再生し、空テープ側で録音します。

▶録音　再生　　英語が流れる

❸ ちょうどいい切れ目で教材テープ側の「一時停止」ボタンを押す。

Since most of his colleagues

一時停止◀　ここでストップ

❹ テキストを音読。この間、教材テープはストップしているが、空テープ側は録音継続してポーズを作る。

〜Since most of his colleagues〜

空テープは
録音継続中。
ポーズができる

シ〜ン

教材テープは
休止している

❺ そのセンテンスあるいはフレーズを音読し終えたら一時停止を解除

一時停止◀

教材テープ側の
一時停止を
もう一度押して
解除する

❶〜❺の作業をフレーズ、センテンスごとに繰り返す。

❻ ポーズ付きテープ完成

これで
リピーティングも
バッチリだ

Since most of his colleagues
were smokers.／ポーズ／
Jun continued to smoke.／ポーズ／
As he worked there,／ポーズ／
he smoked more and more.／ポーズ

レベル向上と音読パッケージトレーニングの変化

　トレーニングはレベルによって異なるものです。初級レベルの時に大きな効果を上げたからといって、上級レベルになっても同じトレーニングをしていたらそれ以上の向上は期待できないでしょう。レベルに応じてトレーニングの性質・形態を変えるべきです。音読パッケージも、英語力が向上するにつれて変化していきます。本テキストを使用する中心層としては初級から初中級(TOEIC300台から500台前半)の学習者を想定しています。このレベルの方には、あれもこれもと手を付けず、限られた数の教材を丁寧にサイクル回しで完成していくことをお勧めします。しかし、トレーニングを続けていれば、順調に英語力は向上していくのですから、将来のトレーニングの形態を予告編的に展望しておきましょう。

　初級から中級にかけては、限られた素材を丁寧にサイクル回しすることが大切だと言いましたが、**上級になると、ひとつの素材に対するトレーニングは淡白になっていき、素材の量・多様性が重要**になってきます。音読パッケージは、テキストを見ないリピーティングが楽にできるようになることが仕上がりの基準ですが、力がついていくと、聴き解いてテキストで確認した後は、テキストを見ないリピーティングができるようになるまでに必要なプロセス(テキストを見ながらのリピーティング・音読)がどんどん短くなっていきます。このように、1サイクルごとの反復回数も減りますし、テキスト全体の完成に要するサイクル数も減っていきます。トレーニング初期に6〜7サイクル回転させていたのが、徐々に4〜5サイクルで完成、2〜3サイクルで完成というように変わっていきます。

英語力が向上するにつれて、1つの素材を音読パッケージで完成する労力・時間が軽減する一方で、リスニングの量・多様性を増す必要性が高まります。上級者がさらにそのリスニング力を向上させるためには、英語の音声を通じてのストックを増す必要があり、それには量と多様性が鍵になります。

　初級・初中級レベルまでは、リスニングと音読パッケージの素材が一対一の対応をしていましたが、中級以降のレベルではその公式は崩れ、リスニング素材の量が増え、その一部を音読パッケージしていくというスタイルになるでしょう。

　つまり、A、B、Cという素材をリスニングしたら、Aに対してのみ音読パッケージを行う。次にD、E、Fという素材をリスニングし、Dだけ音読パッケージを行うという具合です。

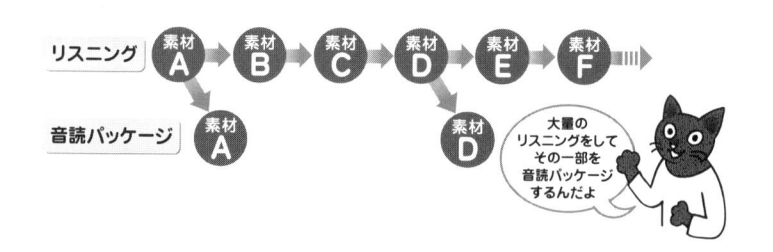

リスニング	素材A → 素材B → 素材C → 素材D → 素材E → 素材F
音読パッケージ	素材A　　　　　　　　　　素材D

大量のリスニングをしてその一部を音読パッケージするんだよ

　さらに力が伸びると、音読パッケージは最終的な形態となり、圧倒的な量のリスニングを行い、その中の好きなものをリピーティングしたり、シャドーイングしたりするだけとなります。ひとつの素材に対してサイクル回しをする必要もなくなります。このレベルに至ると一旦聴き解いてしまえば、どんな素材でもほぼ完璧にテキストを見ないリピーティングができてしまうからです。サイクル回しは、気に入った素材に対し、やりたければやるという感じになります。

また、必ずしもテキスト全体に対して音読パッケージを行う必要もありません。部分的につまみ食い的に行うだけでも構いません。つまり、音読パッケージはリスニングに完全に内包されることになります。圧倒的な量と多様性を確保し、それを音読パッケージで追いかけていくという状態です。ただ、この鬼ごっこは決して追いつくことはありませんし、それを気にする必要もありません。私の教室では、TOEIC900を超すような方も、音読パッケージを行いますが、名称こそ同じですが、彼らが行っているのは、このような完全に基本形が解体されたスタイルのトレーニングです。

やがては、このスタイルに到達するのですが、本書を利用される初級・初中級の学習者の方は、しばらくは、基本スタイルで英語体質を養ってください。

本テキストの構成・内容について

英文について
本テキストの英文は、ほぼ中学レベルの文法・文型で書かれています。単語に関しては、中学レベルは超えるものの、語彙レベルは基本レベルです。やや難しいものには語義説明を付けました。

訳について
英文の構造をできる限り正確に伝えるため、日本語としては不自然なものもあります。多少意訳になってしまった箇所は、（　）により英文に忠実な直訳を添えました。直訳のため、和文から元の英文を再生するトレーニング（英文再生）も行いやすくなっております。

Notes

　音読パッケージは、読んで即座に理解できる英文を使用する稼働系（運動系）トレーニングです。高校入試レベルの英文を読み解ける読解力を前提としており、文法・構文の詳しい解説はありませんが、簡単なセクションごとの解説を付けました。

CD

　本テキストには2枚のCDがついています。

　CD1には全英文が、テキストスピードと通常スピード（ネイティブスピーカーが普通に話すスピード）で読み上げた音声が収録されています。

　本テキストを利用する中心層である初級レベルの学習者は主にテキストスピードでトレーニングすると良いでしょう。トレーニングが進んだ時点での並行リスニングで、通常スピードの音声を使用するとさらにリスニングトレーニングの効果が上がります。

　比較的力のある方は、先行リスニング、聴き解きの段階から通常スピードの音声をご使用下さい。

　CD1の最後と、CD2にはテキストスピードのナレーションに、センテンスやフレーズごとにポーズ（休止）の入った音声が収録されています。リピーティングの際、使用します。

Program One
外国語学習法

How to learn foreign languages

1

ゆっくり ——1 ▶ 01
ナチュラル ——1 ▶ 41
リピートポーズ—1 ▶ 81

1   There are so many languages in the world. Some experts say that the number of languages that exist is over six thousand. Differences in languages can make it difficult to make friends, exchange
5 information and trade with people who speak other languages. Ancient people thought of this problem even as a punishment. In some myths people became so arrogant that God turned one original language into many different languages
10 and caused great confusion as punishment. The story of the Tower of Babel is probably the most famous of this kind of myth. Even if it is difficult, it is necessary to communicate with people speaking foreign languages in business, politics, science and
15 many other activities. So people have been trying to find ways to learn foreign languages.

Program One
外国語学習法

訳

世界には非常に多くの言語があります。存在する言語の数は6,000を超えると言う専門家もいます。言語の違いは、他の言語を話す人々と友達になったり、情報を交換したり、交易したりすることを困難にします。古代の人々はこの問題を罰とさえ考えました。いくつかの神話では、人々がとても傲慢になったので、神は罰として、一つの最初の言語を多くの異なる言語に変えてしまい、大きな混乱を引き起こしました。「バベルの塔」の物語はこの種類の神話で、おそらくもっとも有名です。たとえそれが難しくても、ビジネスや政治、科学、そして他の多くの活動において、外国語を話す人々と意思の疎通をすることが必要です。それで、人々は外国語を学ぶ方法をみつけようとしてきました。

語句

- exist [igzíst] 動 存在する
- expert [ékspəːrt] 名 専門家
- trade [tréid] 動 交易する
- ancient [éinʃənt] 形 大昔の
- punishment [pʌ́niʃmənt] 名 罰
- myth [míθ] 名 神話
- arrogant [ǽrəgənt] 形 ごう慢な
- politics [pálətìks] 名 政治

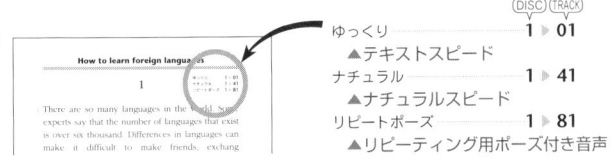

CD表示

	DISC	TRACK
ゆっくり	1	01
▲テキストスピード		
ナチュラル	1	41
▲ナチュラルスピード		
リピートポーズ	1	81
▲リピーティング用ポーズ付き音声		

2

ゆっくり ― 1 ▶ 02
ナチュラル ― 1 ▶ 42
リピートポーズ ― 2 ▶ 01

The grammar translation method is a traditional way to study foreign languages. This method was commonly used in Europe in the 19th century to teach students how to read the literature of the Greeks and Romans. In this method students memorize grammatical rules and the words of the language that they study. Then students try to analyze the texts that they read and translate them into their mother tongue. Until recently it was the most common method to teach foreign languages in school in many countries. And it still is in some countries. But since it puts little importance on sound and speaking practice, the grammar translation method hardly improves the abilities to speak foreign languages and understand them by listening.

Program One
外国語学習法

訳

文法訳読方式は、外国語を学ぶための伝統的な方法です。このメソッドは19世紀のヨーロッパで、生徒にギリシャ人やローマ人の文学の読み方を教えるために一般的に使われていました。このメソッドでは、生徒達は学んでいる言語の文法規則と単語を暗記します。それから、生徒達は、読んだ文を分析し、母語に翻訳します。最近まで、これは、多くの国において、学校で外国語を教えるための最も一般的なメソッドでした。そして、いくつかの国では、いまだにそうです。しかし、音や話す練習にほとんど重要性を置かないので、文法訳読方式は、外国語を話したり、聴いて理解する能力をほとんど向上させません。

語句

- grammar [grǽmər] 名 文法
- translation [trænsléiʃən] 名 翻訳
- traditional [trədíʃənl] 形 伝統的な
- commonly [kámənli] 副 一般的に
- literature [lítərətʃər] 名 文学
- memorize [méməràiz] 動 記憶する
- analyze [ǽnəlàiz] 動 分析する
- text [tékst] 名 原文
- improve [imprúːv] 動 改善する

3

The direct method is a method where the first language is not used and only the target language is used. The direct method is based on the idea that foreign languages should be learned just like the first language was learned. People who believe in the direct method think this way, "Children never use another language when they learn their first language. So the first language is not necessary when we learn foreign languages." The direct method is not free of problems. After a certain age it is very difficult to learn a language exactly like a child. When you use the direct method, it often takes a lot of time to obtain the ability to say complicated things with grammatical correctness.

Program One
外国語学習法

訳

ダイレクトメソッドは、第一言語（母語）が使われず、学習対象語だけで使われるメソッドです。ダイレクトメソッドは、外国語は、第一言語が習得されるのとまったく同じように習得されるべきだと言う考えに基づいています。ダイレクトメソッドを信じる人達はこういう風に考えます。「第一言語を習得する時、子供は決して別の言語を用いない。だから、外国語を習得する時、第一言語は必要ではない。」ダイレクトメソッドは問題がないわけではありません（問題を免れていない）。一定の年齢になった後、言語を子どもとまったく同じように習得するのは困難です。ダイレクトメソッドを使うと、複雑なことを文法的に正しく言う能力を獲得するのに、しばしば多くの時間を要します。

語句

○ based on 〜　〜に基づいて
○ be free of　〜がなくて、免れて
○ obtain [əbtéin]　動　得る
○ complicated [kámpləkèitid]　形　複雑な
○ correctness [kəréktnis]　名　正確さ

4

ゆっくり —— 1 ▶ 04
ナチュラル —— 1 ▶ 44
リピートポーズ — 2 ▶ 03

The audio-lingual method was once very popular. In this method the learner tries to make use of a language a habit through repetition and correction. The audio-lingual method involves a lot of oral drills called pattern practice. In pattern practice, the teacher gives an original sentence. Then students repeat the sentence and change a part of it or the whole sentence. In this way students get to be able to use basic patterns automatically. But the audio-lingual method is quite mechanical and can be boring. Now this method has lost the popularity that it once enjoyed. But in many language classes, it is still used as a part of the practice.

Program One
外国語学習法

訳

オーディオ・リンガルメソッドはかつて非常に人気があるメソッドでした。このメソッドでは、学習者は、繰り返しと訂正を通じて、ある言語の使用を習慣にしようとします。オーディオ・リンガルメソッドは多くのパターン・プラクティスと呼ばれる口頭ドリルを行います（伴います）。パターン・プラクティスでは、教師が元の文を与えます。それから生徒がそのセンテンスを繰り返し、その一部あるいは文全体を変えます。このようにして、生徒は基本文型が自動的に使えるようになります。しかし、オーディオ・リンガルメソッドは、非常に機械的で、退屈なものになることがあります。現在、このメソッドはかつて享受していた人気を失ってしまいました。しかし、多くの言語のクラスで、練習の一部として、いまだに使われています。

語句

- repetition [rèpətíʃən] 名 繰り返し
- correction [kərékʃən] 名 矯正、訂正
- involve [inválv] 動 含む、伴う、必要とする
- oral [ɔ́ːrəl] 形 口頭の
- automatically [ɔ̀ːtəmǽtikəli] 副 自動的に
- mechanical [məkǽnikəl] 形 機械的な
- boring [bɔ́ːriŋ] 形 退屈な
- popularity [pápjulǽrəti] 名 人気

5

The communicative approach is a method where students speak with one another in a language that they are learning. It is a good contrast to the audio-lingual method where mainly the teacher gives instructions and students respond to them. The communicative approach puts a great importance on situations in which the language is used. In the communicative approach, students do various activities such as pair work and role plays. In this method, while students try to communicate amongst themselves, the teacher helps them when it is necessary. Not much importance is placed on grammatical correctness. So when the students make grammatical mistakes, the teacher does not correct them very often. The communicative approach is still a very popular teaching method.

Program One
外国語学習法

訳

コミュニカティブ・アプローチは、習っている言語で、生徒が互いに話すメソッドです。それは、主に教師が指示を与え、生徒が反応するオーディオ・リンガルメソッドとは対照的(好対照)です。コミュニカティブ・アプローチは、言語が使われる状況に大きな重要性を置きます。コミュニカティブ・アプローチでは、生徒は、ペアワークやロールプレーのようなさまざまな活動を行います。このメソッドでは、生徒が彼等同士でコミュニケートしようとする間、教師は、必要な時に彼らを手助けします。文法的な正確さはそれほど重視されません。ですから、生徒が文法的な間違いを犯した時、教師はあまり頻繁には正しません。コミュニカティブ・アプローチは、まだとても人気のある教授法です。

語句

- contrast [kántræst] 名 対比
- mainly [méinli] 副 主に
- instruction [instrʌ́kʃən] 名 指示
- respond [rispánd] 動 反応する
- various [vɛ́əriəs] 形 さまざまな
- amongst [əmʌ́ŋkst] 前 〜の間で

6

Besides the methods we have looked at so far, there are many other methods and theories for learning languages. But none of them promises that you can learn languages instantly like magic. It takes a certain amount of time and effort to learn a foreign language. After all, what is most important in learning a foreign language is individual motivation and continuation of practice. Although it is extremely difficult to master a foreign language perfectly, you do not have to be a perfectionist. If you continue your study and practice, you will surely be able to use the language well. Unlike the old days when tape recorders did not even exist, nowadays there are a lot of useful materials and devices for learning languages. So we can say that today is the ideal time for people who wish to learn foreign languages.

Program One
外国語学習法

訳

今まで見て来たメソッドの他にも、他にも多くの外国語学習のためのメソッドや理論があります。しかし、そのうちのどれも、魔法のように、あっという間に言語を習得できることを約束はしません。外国語を習得するには一定の時間と努力が必要です。結局、外国語の習得で最も大切なことは、個人的な動機と練習の継続です。外国語を完全に身につけることは極めて困難ですが、完璧主義者になる必要はありません。勉強と練習を続ければ、言語はきっとうまく使えるようになります。テープレコーダーも存在しなかった昔と違い、現在、外国語を習得するための多くの有益な素材や道具があります。ですから、今は外国語を習得することを望む人達にとって、理想的な時代だということができます。

語句

- theory [θíːəri] 名 理論
- promise [prάmis] 動 約束する
- instantly [ínstəntli] 副 途端に
- individual [ìndəvídʒuəl] 形 個人の
- continuation [kəntìnjuéiʃən] 名 継続
- extremely [ikstríːmli] 副 極めて
- perfectionist [pərfékʃənist] 名 完璧主義者
- ideal [aidíːəl] 形 理想的な

Program Two
ついてない日

A bad day

1

ゆっくり ——— 1 ▶ 07
ナチュラル ——— 1 ▶ 47
リピートポーズ — 2 ▶ 06

It was Friday morning. In his apartment, Ken Yamamoto was about to finish breakfast. While he was sipping his coffee, Ken was watching the horoscope section of a morning TV program. The hostess of the program said, "Next, Pisces." Ken, who was a Pisces, looked up from his coffee cup. "Unfortunately today is not a lucky day for you. A small mistake or accident may lead to bigger ones. So be careful." "All right. All right. I'll be careful," Ken said and left his apartment. When he got halfway to the station, he suddenly found that his wallet was not in his pocket. He had to go all the way back to his apartment. It was the beginning of his unlucky day.

Program Two
ついてない日

訳

金曜の朝だった。自分のアパートで、山本健は朝食を終えるところだった。コーヒーをすすりながら、健は朝のテレビ番組の星占いのコーナーを見ていた。番組の女性司会者が言った。「次は魚座です。」魚座の健は、コーヒーカップから目を上げた。「残念ながら、今日はあなたにとって幸運な日ではありません。小さなミスや事故がもっと大きいものにつながるかもしれません。だから注意して下さい。」「わかった。わかった。注意するよ。」健は言い、アパートを出発した。駅までの道のりを半分来たとき、彼は財布がポケットに入ってないことに突然気付いた。彼はわざわざアパートまで戻らなければならなかった。それが彼のついてない日の始まりだった。

語句

- be about to 〜　まさに〜するところである
- sip [síp] 動 すする
- Pisces [páisi:z] 名 魚座（の人）
- unfortunately [ʌnfɔ́:rtʃənətli] 副 運悪く、残念ながら
- lead to 〜　〜につながる
- halfway [hǽfwéi] 副 中途まで
- all the way　はるばる、わざわざ

2

ゆっくり……1 ▶ 08
ナチュラル……1 ▶ 48
リピートポーズ……2 ▶ 07

Ken ran as fast as he could. He did not want to miss the train. Every Friday morning there was a meeting everybody in the department had to attend. He had to catch the 7:30 train to be in time for the meeting. Ken ran desperately and said to himself, "I haven't run like this since I graduated from high school." But he could not make it. When he got to the station, the train was already gone. There was another thing that made him hate missing the train. There was a pretty woman who took the same train as Ken. He looked forward to seeing her every morning. But that morning he missed that pleasure as well as his train. He had to endure the long, boring train ride.

Program Two
ついてない日

訳

健はできるだけ速く走った。彼は列車に乗り遅れたくなかった。毎週金曜の朝、課の全員が出なければならない打ち合わせがあったのだ。打ち合わせに間に合うためには、彼は7時30分の列車に乗らなければならなかった。健は必死で走り、独り言を言った。「高校を卒業して以来、こんなふうに走ったことはないな。」しかし、彼は間に合わなかった。彼が駅に着いたとき、列車は既に出発していた。彼が列車に乗り遅れたくない（彼に列車を逃すことを厭わせる）もう1つのことがあった。健と同じ列車に乗るきれいな女性がいたのだ。彼は毎朝彼女に会うことを楽しみにしていた。しかし、その朝、列車と共に、その楽しみも逃してしまった。彼は長くて退屈な列車通勤に耐えなければならなかった。

語句

- miss [mís] 動 逃す
- department [dipá:*r*tmənt] 名 課、部門
- attend [əténd] 動 出席する、参加する
- desperately [déspərətli] 副 必死で
- graduate [grǽdʒuèit] 動 卒業する
- look forward to ～ ～を楽しみにする
- pleasure [pléʒə*r*] 名 喜び、楽しみ
- endure [indʒúə*r*] 動 耐える
- boring [bɔ́:riŋ] 形 退屈な

3

ゆっくり —— 1 ▶ 09
ナチュラル —— 1 ▶ 49
リピートポーズ — 2 ▶ 08

Ken arrived at the office ten minutes late. When he went into the office, the meeting was already going on. His boss looked at him sternly and said, "Mr. Yamamoto, you are late. Punctuality is the most basic rule." Ken blushed and made an apology, "I'm sorry, sir." His boss said, "All right. Join the meeting and turn to page two of the material." Ken tried to take out his material from his bag. But it was not there. He went pale and panicked. His boss saw that and said, "Mr. Yamamoto, have you forgotten to bring your material?" Ken said in a weak voice. "I'm terribly sorry, sir." Then the boss said to Ken, "I want you to take your job a little more seriously." Ken was so embarrassed.

Program Two
ついてない日

訳

健は10分遅刻してオフィスに着いた。彼がオフィスに入っていったとき、打ち合わせが既に進行していた。彼の上司が厳しい表情で彼を見て、「山本君、遅刻だよ。時間を守ることはもっとも基本的なルールだよ」と言った。健は顔を赤らめ、「どうも済みません」と謝った。上司は言った。「よろしい。打ち合わせに加わって、資料の2ページを開きたまえ。」健はかばんから自分の資料を取り出そうとした。しかし、それはそこになかった。彼は青ざめ狼狽した。上司はそれを見て「山本君、資料を持ってくるのを忘れたのかね？」と言った。彼は弱々しい声で言った「まことに申し訳ありません。」それから上司は健に、「自分の仕事をもっと真摯に受け止めて欲しいものだね。」と言った。健は非常に恥ずかしかった。

語句

- sternly [stə́ːrnli] 副 厳しく、険しい表情で
- punctuality [pʌ̀ŋktʃuǽləti] 名 時間厳守
- blush [blʌ́ʃ] 動 赤面する
- apology [əpɑ́lədʒi] 名 謝罪
- material [mətíəriəl] 名 資料
- pale [péil] 形 青ざめた
- panic [pǽnik] 動 狼狽する、パニックになる
- embarrassed [imbǽrəst] 形 気まずい思いで、当惑した

4

ゆっくり —— 1 ▶ 10
ナチュラル —— 1 ▶ 50
リピートポーズ —— 2 ▶ 09

Even after that his bad luck didn't end. Ken was in trouble all day. One of his clients called to complain about miscalculations in the estimate Ken made. He knocked over his cup, spilled the coffee all over his desk and ruined his documents. When he went to a nearby convenience store to get lunch, he was nearly hit by a car. After he finished work for the day, he felt exhausted. Some of his colleagues asked him to go out for a drink as they usually did on Fridays. But Ken was not in the mood. "Sorry, but I think I'll go straight home. Today is a bad day for me," he said. As soon as Ken got home, the telephone rang. That was a call from his good friend, Jiro. "How about having a drink together?" said Jiro. "Sorry, but I can't," Ken said and told Jiro what happened that day.

Program Two
ついてない日

訳

その後も、彼の不運は終わらなかった。健は1日中、トラブルに見舞われた（トラブルの中にいた）。クライアントの1人が電話をしてきて健が作成した見積書の中の計算間違いについて苦情を言った。彼はカップをひっくり返し、コーヒーを机の上全体にこぼし、書類を台無しにしてしまった。昼食を買うために近くのコンビニに行った際、彼は車にはねられそうになった。1日の仕事を終えた後、彼は疲れ切っていた。同僚の何人かが、金曜はたいていそうするように、飲みに行こうと言った。しかし健はそんな気分ではなかった。「すまん。でも、きょうはまっすぐ帰ろうと思うよ。きょうはついてないんだ。」彼は言った。健が帰宅するとすぐ、電話が鳴った。それは親友の次郎からの電話だった。「一緒に一杯やるのはどうだい？」次郎は言った。「ごめん、でも行けないんだよ」健は言い、次郎にその日起こったことを話した。

語句

- bad luck　不運
- complain [kəmpléin] 動 苦情を言う
- miscalculation [mìskælkjuléiʃən] 名 計算間違い
- estimate [éstəmət] 名 見積もり
- spill [spíl] 動 こぼす
- ruin [rúːin] 動 台無しにする
- exhausted [igzɔ́ːstid] 形 へとへとの
- colleague [káliːg] 名 同僚
- in the mood（for～）（～をする）気分で

5

ゆっくり ──── 1 ▶ 11
ナチュラル ─── 1 ▶ 51
リピートポーズ ── 2 ▶ 10

"That's nonsense! Things just happen sometimes. Besides there is a nice surprise waiting for you. I'm sure it will change your luck," said Jiro. So Ken changed his mind and went to the bar to see him. "Oh, he has come," Jiro said when he saw Ken. "Ken, this is my colleague, Tomoko." A pretty young woman was beside Jiro. Ken was very surprised to find that she was the woman he saw on the train every morning. Jiro and Tomoko worked at the same company and Jiro wanted to introduce her to Ken. Tomoko also recognized Ken at once. They hit it off and made plans to go out for dinner. That was too good to be true for Ken. "The bad day turned out to be a very good day," Ken said to himself.

Program Two
ついてない日

訳

「馬鹿らしい。そんなことよくあることさ(物事は時に起こるものだ)。それに、良いことが待ってるぜ(お前を待っている良い驚きがある)。きっとそれがお前の運を変えてくれるさ。」と次郎は言った。それで健は気持ちを変え、彼に会うためにバーに行った。「おお、彼が来たよ。」と健を見ると次郎は言った。「健、こちらは同僚の智子さんだ。」きれいな若い女性が次郎の横にいた。彼女が毎朝列車で会う女性なのを見て健は驚いた。次郎と智子は同じ会社で働いていて、次郎は彼女を健に紹介したかったのだ。智子も健のことがすぐにわかった。彼らは意気投合し、食事に行く約束をした。それは健にとって出来過ぎた話だった(本当であるには良すぎた)。「ついてない日が結局すごく良い日になったな」と健は独り言を言った。

語句

- recognize [rékəgnàiz] 動 わかる、見覚えがある
- hit it off (人と)仲良くする、気が合う
- turn out to ～ 結局～となる

Program Three
お気に入りの時間

My favorite time

1

ゆっくり ——1 ▶ 12
ナチュラル ——1 ▶ 52
リピートポーズ —2 ▶ 11

1 male, 35, office worker
I am happily married, and have a son and a daughter. I love my family and being with them. My job keeps me very busy and I work overtime
5 almost every day. I usually get home after 10 o'clock at night. I can talk with my wife, but my kids are already sleeping when I get home because they are still very young. So on weekdays I cannot spend much time with them. But on weekends I
10 try to spend as much time with them as I can. I often take my son and daughter to a park near my house and I play with them there. Spending time with them gives me great joy and refreshes me.

Program Three
お気に入りの時間

訳

男性、35歳、会社員

私は幸せな結婚生活を送っていて、息子と娘がいます。私は家族を愛し、彼らと一緒にいることが大好きです。私は仕事で大変忙しく（私の仕事は私を大変忙しく保ち）、ほぼ毎日残業をします。私は、普通夜10時過ぎに帰宅します。妻とは話ができますが、子供たちはまだ幼いので、私が帰宅する時にはすでに眠っています。それで、週日は、あまり多くの時間を彼らと一緒に過ごすことができません。しかし、週末には、できる限り多くの時間を彼らと過ごそうと努めています。私は、よく息子と娘を家の近くの公園に連れて行き、そこで彼らと遊びます。彼らと時間を過ごすことは私に大きな喜びを与えてくれ、私に気分転換をさせてくれます。

語句

- married [mǽrid] 形 結婚している
- work overtime 残業する
- joy [dʒɔ́i] 名 喜び
- refresh [rifréʃ] 動 再び元気づける

2

ゆっくり ——— 1 ▶ 13
ナチュラル ——— 1 ▶ 53
リピートポーズ 2 ▶ 12

1 male, 25, office worker

I love Sunday mornings. I don't have to rush to the station and take the commuter train to go to work. I can stay in bed as long as I want. After I get up, I take a shower. Then I go to a coffee shop near my apartment to have brunch. This coffee shop has been my favorite place since I was a college student. I know the owner and the staff of the coffee shop very well. So I can feel very relaxed. After I finish brunch, I drink coffee while I am reading the newspaper. They serve the best coffee I know. Sometimes people I know come in and we begin to chat. Nobody rushes me. Nothing bothers me. I really love the relaxing way time flows on Sunday mornings.

Program Three
お気に入りの時間

訳

男性、25 歳、会社員

私は日曜の朝が好きです。駅に大急ぎで行き、仕事に行くために通勤列車に乗る必要がありません。好きなだけ長くベッドの中にいることができます。起きると私はシャワーを浴びます。それから、アパートのそばの喫茶店にブランチを食べに行きます。この喫茶店は、大学生の頃から私のお気に入りの場所です。私は喫茶店の店主と従業員たちをとても良く知っています。それでとてもリラックスできます。ブランチを食べた後、私は新聞を読みながらコーヒーを飲みます。この店は(彼らは)私が知っている最高のコーヒーを出します。時々私が知っている人たちが入ってきて、私たちは話し始めます。誰も私をせかしません。何も私を煩わせません。私は、日曜の朝ののんびりとした時の流れ方が本当に大好きです。

語句

○ rush to 〜　〜へ大急ぎで行く
○ commuter train　通勤列車
○ favorite [féivərit] 形 お気に入りの
○ rush [rʌ́ʃ] 動 せかせる
○ bother [bɑ́ðər] 動 邪魔する、悩ます

3

ゆっくり　　　1 ▶ 14
ナチュラル　　1 ▶ 54
リピートポーズ　2 ▶ 13

female, 29, homemaker

I enjoy having lunch with friends once or twice a week. They are all women who live in the same town and have young children like me. After I graduated from college, I worked for a big company and enjoyed it very much. But when I gave birth to my daughter, I decided to be a full-time mother until she was old enough. Being a mother is sometimes hard. I often felt lonely and depressed, as many young mothers do. Then I got to know some women who had young children and made friends with them. Their friends became my friends, too. Now we usually go to a family restaurant and have casual chats. Through these chats I can feel that we all share similar problems. That helps me a lot.

Program Three
お気に入りの時間

訳

女性、29歳、主婦

私は週に1、2回友人達と昼食を食べることを楽しんでいます。皆同じ町に住み、私と同じように幼い子供がいる女性達です。私は大学を卒業後、大きな会社で働き、それをとても楽しみました。しかし、娘を産んだ時、娘が十分に大きくなるまで私は母親業に専念する(フルタイムの母親になる)ことを決めました。母親であることは時に大変です。若い母親たちがよくそうなるように、私はよく孤独で憂鬱な気分になりました。その時、私は幼い子供を持つ何人かの女性達と知り合い、彼女達と友達になりました。彼女たちの友達もまた私の友達になったのです。今私たちは、普段ファミレスに行き、雑談をします。この雑談を通して、私は、私たちが皆似たような問題を抱えている(共有している)ことを感じることができます。それは私の大きな助けとなっています(私を大いに助けてくれます)。

語句

- give birth to 〜 〜を産む
- depressed [diprést] 形 気分が落ち込んだ

4

ゆっくり ——— 1 ▶ 15
ナチュラル ——— 1 ▶ 55
リピートポーズ — 2 ▶ 14

1 male, 40, accountant
   My job is quite stressful. So when I get home, I am often exhausted. After I take a shower or a bath to feel refreshed, I open the fridge and take out a
5 bottle of wine. I pour wine into a glass and take the first sip. This is the moment I have looked forward to all day. Then I turn on the stereo and move to the sofa. I usually play jazz. It's my favorite. I make myself comfortable on the sofa
10 and enjoy my wine while I listen to music. Soon I begin to get a little tipsy. I feel that wine and music together sink into me like a tender drizzle and that all the stress flows out of me. This is the happiest time of the day for me. After this I can drift off to a
15 sound sleep to get myself ready for the next day.

Program Three
お気に入りの時間

訳

男性、40歳、会計士

私の仕事はかなりストレスがかかるものです。それで、帰宅した時、私はしばしば疲れ切っています。さっぱりするためにシャワーを浴びるか風呂にはいった後、私は冷蔵庫を開け、ワインのボトルを取り出します。私はグラスにワインを注ぎ、一口飲みます（最初の一すすりをします）。これは私が一日楽しみにしてきた一瞬です。それから私はステレオのスイッチを入れ、ソファに移ります。だいたいジャズをかけます。それが私のお気に入りです。私はソファで寛ぎ、音楽を聴きながらワインを楽しみます。やがて私は少し酔います。私は、ワインと音楽が一緒に、優しい霧雨のように自分に沁み込み、すべてのストレスが自分から流れ出ていくのを感じます。これは私にとって一日でもっとも幸せな時間です。この後、私は、次の日に備えるため、健やかな眠りにつくことができます。

語句

- stressful [strésfəl] 形 ストレスのかかる
- exhausted [igzɔ́:stid] 形 疲れ切った
- comfortable [kʌ́mfərtəbl] 形 快適な
- tipsy [típsi] 形 ほろ酔いの
- tender [téndər] 形 優しい
- drizzle [drízl] 名 霧雨
- drift off to sleep 眠りに落ちる

Program Four
ジョーク集―1

Jokes-1

1

A rich, old man had a pretty, young girlfriend. When they walked together, other men looked at his beautiful girlfriend and looked at him with envy. The old man felt proud. He bought his girlfriend everything she wanted. He was very happy with her. But sometimes he thought, "Is she with me just because I am rich?" So he decided to put on an act to find out the truth. One day he had dinner with his girlfriend at a restaurant. At the end of dinner, he said to her in a serious tone. "Honey, I have to tell you something." "What is it?" His girlfriend asked. "I've gone bankrupt. I've lost all my money." The man explained. She stayed calm. The man went on, "Now I'm not rich. But do you still love me?" The beautiful young woman smiled and said cheerfully "Of course I still love you. And I will miss you!"

Program Four
ジョーク集—1

訳

ある金持ちの老人に、きれいで若い恋人がいた。彼らが一緒に歩くと、他の男たちが彼の美しい恋人を見、そして羨ましそうに (羨望と共に) 彼を見た。老人は誇らしく感じた。彼は恋人に彼女が欲しがるすべてのものを買ってやった。彼は彼女と一緒で、とても幸せだった。しかし、彼は時々考えた。「彼女は、ただ私が金持ちだから私と一緒にいるのだろうか？」それで、彼は真実を知るために、一芝居打つことに決めた。ある日、彼はレストランで恋人と夕食を食べた。夕食が終わると、彼は彼女に深刻な口調で言った。「ねえ君、私は君に言わなければならないことがあるんだ（君に何かを言わなければならない）。」「何かしら？」彼の恋人は尋ねた。「私は破産してしまったんだ。金を全部失ってしまったよ。」男性は説明した。彼女は落ち着いていた。男性は続けた。「もう私は金持ちではないんだ。しかし、君はまだ私を愛しているかい？」美しく若い女性は微笑み、そして朗らかに言った。「もちろん、まだあなたを愛しているわ。そして、あなたのことを恋しく思うでしょう。」

語句

- envy [énvi] 名 ねたみ, うらやみ
- put on an act 一芝居打つ
- bankrupt [bǽŋkrʌpt] 形 破産した
- explain [ikspléin] 動 説明する
- calm [ká:m] 形 平静な
- cheerfully [tʃíərfəlli] 副 陽気に
- miss [mís] 動 〜がない（いない）ので寂しく思う

2

ゆっくり —— 1 ▶ 17
ナチュラル —— 1 ▶ 57
リピートポーズ —— 2 ▶ 16

Three men went fishing on a boat. There was a sudden storm and their boat sank. They managed to swim to a deserted island. It was very hard to live there but they tried to survive. One day they found a bottle on the beach. When one of the men picked it up and rubbed it, a magic genie came out of it. The genie said to them, "I will grant you each one wish." The first man said, "I'm lonely. I miss my family. Please send me back home." Instantly his dream came true and he was gone. The second man's wish was the same. As soon as he asked the genie to send him back home, he was gone. The genie asked the third man, "Now what can I do for you?" He said, "I'm lonely. I miss my friends. I want them to come back here."

Program Four
ジョーク集—1

訳

3人の男が船で釣りに出かけた。突然の嵐になり、彼らの船は沈んでしまった。彼らはなんとか無人島に泳ぎ着いた。そこで暮らすことはとても辛かったが、彼らは何とか生き抜こうとした。ある日、彼らは浜で壜を見つけた。男たちの一人がそれを拾い上げ、こすると、魔人が出てきた。魔人が彼らに言った。「あなたたちのめいめいに願いをひとつずつ叶えてあげましょう。」1人目の男が言った。「私は寂しいのです。家族が恋しいです。どうか家に帰して下さい。」その途端、彼の夢は実現し、彼は消え去った。2人目の男の願いも同じだった。彼が魔人に家に帰してくれと頼むやいなや、彼は消え去った。魔人は3人目の男に尋ねた。「さあ、私はあなたのためには何ができますか？」彼は言った。「私は寂しいのです。友人達が恋しいです。私は彼らにここに帰ってきて欲しいです。」

語句

- storm [stɔ́ːrm] 名 嵐
- sink [síŋk] 動 (sank [sǽŋk] – sunk [sʌ́ŋk]) 沈む
- manage to〜　なんとか〜する
- deserted island　無人島
- survive [sərváiv] 動 生き残る
- rub [rʌ́b] 動 こする
- genie [dʒíːni] 名 (童話などで人間の姿になって願いをかなえてくれる) 精霊
- grant [grǽnt] 動 かなえてやる
- wish [wíʃ] 名 望
- instantly [ínstəntli] 副 即座に
- come true　実現する

3

ゆっくり ── 1 ▶ 18
ナチュラル ── 1 ▶ 58
リピートポーズ 2 ▶ 17

A very rich businessman was going to travel on business. He asked his secretary to make reservations at a hotel. After the secretary finished the reservations, the businessman came back from a meeting with his client. He checked the reservations that his secretary made for him. He said to her, "Well, will you please make the reservations all over again. I want to stay at a cheaper hotel and in a cheaper room." The secretary said to her boss, " But when your son travels, he always stays in the most expensive room of the most expensive hotel." The businessman said, "Well, he has a very rich father. But I don't."

Program Four
ジョーク集— 1

訳

大金持ちの実業家が出張をすることになっていた(出張をする予定である)。彼は秘書にホテルの予約をするように頼んだ。秘書が予約を終えた後、実業家がクライアントとの打ち合わせから戻ってきた。彼は秘書が彼のためにした予約を確かめた。彼は彼女に言った。「うーん、予約を全部し直してくれるかね?私はもっと安いホテルに、そしてもっと安い部屋に泊まりたいんだ。」秘書はボスに言った。「でも、息子さんが旅行されるときは、いつも一番高いホテルの一番高い部屋にお泊りになりますよ。」実業家は言った。「彼には金持ちの父親がいるからね。でも、私にはいないんだ。」

語句

○ travel on business　出張する
○ reservation [rèzərvéiʃən] 图 予約
○ client [kláiənt] 图 顧客クライアント
○ expensive [ikspénsiv] 形 値段が高い

Program Five
さまざまなアナウンス

Various announcements

1

ゆっくり ——— 1 ▶ 19
ナチュラル ——— 1 ▶ 59
リピートポーズ — 2 ▶ 18

Want to learn English? If so, why not start at ABC English School? In a friendly atmosphere you can have lessons from our instructors who have a lot of experience in teaching English to Japanese people. We mainly help students improve their ability to speak English through real conversations with native speakers. But for beginner level students, we also offer classes where Japanese instructors teach the basics of English grammar that is necessary to communicate in English. It takes only five minutes to walk to our school from the station. For people who come by car, we have a parking lot with space for ten cars. It will broaden your world to be able to speak English. So stop hesitating and take up English at ABC now!

Program Five
さまざまなアナウンス

訳

英語を習いたいのですか？もしそうなら、ABC イングリッシュ・スクールで始めてみてはいかがですか？親しみやすい雰囲気の中で、日本人に英語を教えることに経験豊富な講師から、レッスンを受けることができます。当スクール（我々）は、主にネイティブ・スピーカーとの実際の会話を通じて、生徒さんが英語を話す能力を向上させるお手伝いをします。しかし、入門レベルの生徒さんのためには、日本人講師が、英語でコミュニケートするために必要な英文法の基本を教えるクラスも提供しております。駅から当スクールに歩いてくるのに、5分しかかかりません。車でいらっしゃる方のためには、10台分のスペースのある駐車場があります。英語を話せることは、あなたの世界を広げるでしょう。ですから、迷うのはやめて、ABC で英語を始めて下さい！

語句

○ atmosphere［ǽtməsfiər］名 雰囲気
○ improve［imprúːv］動 向上させる
○ basic［béisik］名 基本
○ parking lot 名 駐車場
○ hesitate［hézətèit］動 ためらう

Do you have a weight problem? Have you failed to lose weight many times? Here is some wonderful news for you. The Super Diet Machine will finally solve your problem. Are you afraid that you will have to do hard exercise? No, you won't have to. All you have to do is attach the Super Diet Machine to the parts of your body where you want to lose the fat. Then the electric currents from the machine make your muscles move. While you are watching TV, cooking or driving, you can burn off your fat without knowing it. A lot of men and women have already enjoyed the wonderful effects of the Super Diet Machine. So why not join them now. To learn more about the Super Diet Machine, please check our web site.

Program Five
さまざまなアナウンス

訳

体重の問題がおありですか？何度も体重を減らすのを失敗しましたか？あなたのための素晴らしいお知らせがあります。スーパー・ダイエット・マシンがついにあなたの問題を解決するでしょう。大変な運動をしなければならないだろうと思っていますか？いいえ、そうする必要はありません。あなたは身体の脂肪の減らしたい箇所に、スーパー・ダイエット・マシンを取り付ければいいだけです。そうすれば、マシンからの電流があなたの筋肉を動かします。テレビを見たり、料理をしたり、車を運転したりしている間に、知らないうちに脂肪を燃やすことができるのです。多くの男性、女性が既に、スーパー・ダイエット・マシンの素晴らしい効果を経験しています。ですから、今彼らの仲間に加わりませんか？スーパー・ダイエット・マシンについてもっと多く知るには、私たちのウェブサイトをご覧ください。

語句

- fail to ～　～しそこなう
- attach A to B　AをBに取り付ける
- electric current　電流
- muscle [mʌ́sl] 名 筋肉
- effect [ifékt] 名 効果

3

Ladies and gentlemen. I am so honored to be standing here today. As a writer, I have always hoped to receive this award. It has often been hard to be a full time company employee and writer at the same time. I thought of giving up writing many times. I really want to thank my wife, who always encouraged me to keep writing. I also would like to thank my mother, who read books to me and taught me how to write poems and stories when I was a kid. She was my first guide to the world of literature. From now on, I will concentrate on writing novels as a full time writer. I would like to keep writing novels that will please my dear readers.

Program Five
さまざまなアナウンス

訳

皆さん、こんにちは。今日ここに立っていることは光栄です。作家として、私はずっとこの賞を受けることを望んできました。フルタイムの会社員であると同時に作家であることは、しばしば厳しいものでした。何度も書くのを止めようと考えました。私は本当に妻に感謝したいと思います。彼女は常に私が書き続けるよう励ましてくれました。私はまた母に感謝したいと思います。彼女は私が子供の頃、私に本を読んでくれ、詩と物語の書き方を教えてくれたのです。母は文学の世界への私の最初の案内人だったのです。私は、今後はフルタイムの作家として、小説を書くことに専念いたします。大切な読者を喜ばせる小説を書き続けたいと思います。

語句

○ be honored to ~　~するのは光栄である
○ award [əwɔ́:rd] 名 賞
○ employee [implɔ́ii:] 名 従業員
○ thank [θǽŋk] 動 感謝する
○ encourage [inkə́:ridʒ] 動 励ます
○ please [plí:z] 動 喜ばす

4

ゆっくり	1 ▶ 22
ナチュラル	1 ▶ 62
リピートポーズ	2 ▶ 21

Have you ever visited Mucha Island? If not, you should. Then you can experience paradise. Mucha Island is a small island in the Pacific where only five thousand people live. The island has beautiful beaches where you can enjoy swimming, surfing, fishing and all kinds of marine sports. For tourists there are some small but nice hotels that are run by the islanders. Because of its location, there are many restaurants where you can enjoy the most delicious seafood you have ever had. Some people like the relaxing atmosphere and life of the island so much that they even decide to live there. If you have a chance, visit the island yourself. Then you will understand why people fall in love with it.

Program Five
さまざまなアナウンス

訳

ムチャ島を訪れたことがありますか？もし訪れたことがないなら、訪れるべきです。そうすれば、天国を体験することができます。ムチャ島はわずか5000人の人しか住んでいない太平洋の小さな島です。島には水泳やサーフィンや釣り、そしてあらゆる種類のマリンスポーツが楽しめる美しい海岸があります。観光客のためには、島民に運営される小さいけれど感じのよいホテルがいくつかあります。その立地条件ゆえ、あなたが食べた中でもっとも美味しいシーフードが楽しめるレストランがたくさんあります。島ののんびりした雰囲気と生活がとても気に入り、島で暮らそうと決めてしまう人たちもいます。機会があれば、ご自身で島を訪れて下さい。そうすれば、なぜ人々がこの島と恋に落ちてしまうのかわかるでしょう。

語句

- paradise [pǽrədàis] 名 天国
- the Pacific 太平洋
- islander [áiləndər] 名 島民
- location [loukéiʃən] 名 位置、所在地

* Program Five に出てくる商品、人物、組織、場所等はすべて架空のものです。

Program Six
禁煙

Giving up smoking

1

ゆっくり ——— 1 ▶ 23
ナチュラル ——— 1 ▶ 63
リピートポーズ — 2 ▶ 22

Jun wanted to stop smoking. He began to smoke in the year he entered college. He had many friends who smoked. Some of them gave Jun their cigarettes and had Jun smoke them. When Jun smoked his first cigarette, it tasted very bad. It made him cough. He did not like it at all. But as he smoked the cigarettes his friends offered him, he gradually got used to them. Before long, he got to like cigarettes and began to buy them for himself. A few months later, he could not live without them. He was now addicted to them.

Program Six
禁煙

訳

淳は煙草をやめたかった。彼は大学に入った年に煙草を吸い始めた。彼には煙草を吸う友人がたくさんいた。その何人かが、淳に自分の煙草を与え、(それらを)吸わせた。淳が最初の煙草を吸った時、それはひどく不味かった。それを吸って、彼は咳込んだ(それは彼に咳をさせた)。彼はそれをまったく気に入らなかった。しかし、友人達がくれた煙草を吸うにつれ、彼は徐々に慣れていった。まもなく、彼は煙草が好きになり、自分で買うようになった。数ヵ月後、彼は煙草無しでは生活できなかった。今や、彼は煙草中毒になっていたのだ。

語句

- cigarette [sìgərét] 形 (紙巻き)たばこ
- cough [kɔ́:f] 動 咳をする
- gradually [grǽdʒuəli] 副 徐々に
- get used to ～ ～に慣れる
- addicted [ədíktid] 形 中毒の

2

ゆっくり —— 1 ▶ 24
ナチュラル —— 1 ▶ 64
リピートポーズ — 2 ▶ 23

After he graduated from college, Jun began to work for a small advertising company. Since most of his colleagues were smokers, Jun continued to smoke. As he worked there, he smoked more and more. In the first year, he smoked a pack of cigarettes a day. In the second year, he smoked two packs. In the third year, he smoked nearly three packs. Many in the office smoked as much as Jun. So it was a normal thing for him. When he visited his parents' home once in a while, his mother was surprised to see her son smoke so many cigarettes. She worried about his health and told him to cut back. But Jun did not listen to her.

Program Six
禁煙

訳

大学を卒業した後、淳は小さな広告会社で働き始めた。彼の同僚たちのほとんどは喫煙者だったので、淳は煙草を吸い続けた。そこで働くうち、彼はますます煙草を吸うようになった。最初の年、かれは1日1箱の煙草を吸った。2年目には、2箱吸った。3年目にはほぼ3箱吸った。オフィスの多くの者は淳と同じくらい吸っていた。それで、喫煙（それ）は彼にとって普通のことだった。彼が両親の家をたまに訪れると、彼の母親は息子がそんなにも多くの煙草を吸うのを見て驚いた。彼女は彼の健康を心配し、控えるように言った。しかし、淳は彼女の言うことに耳を貸さなかった。

語句

- colleague [káli:g] 名 同僚
- continue [kəntínju:] 動 続ける
- cut back　減らす

3

ゆっくり———1 ▶ 25
ナチュラル———1 ▶ 65
リピートポーズ—2 ▶ 24

One day Jun had lunch with a client. While he was eating lunch, Jun lit a cigarette as usual. Then the client, who did not smoke, looked uneasy. Jun understood that she did not want him to smoke and put out the cigarette in a hurry. After that he had similar experiences in many places, and he felt that more and more people hated cigarettes. When he told his colleagues about it, they said, "Things have been getting worse for us." "The other day I walked around town for more than an hour to find a place where I could smoke." "Soon all smokers may be sent to a deserted island."

Program Six
禁煙

訳

ある日、淳はクライアントと昼食を食べた。昼食を食べている間、淳はいつものように煙草に火をつけた。その時、煙草を吸わないそのクライアントは、落ち着かない様子だった。淳は彼女が彼に煙草を吸ってほしくないのだと理解し、慌てて煙草を消した。その後、彼は多くの場所で似たような経験をし、煙草を嫌っている人がどんどん増えていると感じた。彼が同僚達にそれについて話した時、彼らは言った。「状況は我々にとって悪化しているよ。」「先日、煙草を吸える場所を見つけるために、私は町中を1時間以上も歩きまわったよ。」「やがて喫煙者は皆、無人島に送られるかもしれないな。」

語句

- as usual　いつものように
- uneasy [ʌníːzi] 形 落ち着かない
- in a hurry　急いで
- experience [ikspíəriəns] 名 経験
- deserted island　無人島

4

ゆっくり ——— 1 ▶ 26
ナチュラル ——— 1 ▶ 66
リピートポーズ — 2 ▶ 25

The company Jun worked for was on the third floor of a building. One day the elevator broke down and he had to walk up the stairs to the office. When he got to the office, Jun was out of breath. "Boy! I'm as weak as an old man, but I'm just over thirty. Smoking may be ruining my health," he thought. He asked himself, "Is smoking so important for me? Do I really enjoy smoking?" The answer was "No." He smoked just because he was addicted. Jun made up his mind. He swore to himself, "All right. This is the last day for me to smoke. From tomorrow on I'll never smoke again."

Program Six
禁煙

訳

淳が働いている会社はビルの3階にあった。ある日、エレベータが故障し、彼はオフィスまで階段を上がらなければならなかった。オフィスに着いたとき、淳は息が切れていた。「なんてことだ。俺は老人みたいに（老人と同じくらい）弱っている。しかし、30を過ぎたばかりなんだ。煙草が体をだめにしているのかもしれない。」と彼は思った。彼は自問した。「煙草を吸うことは俺にとってそんなに大切なんだろうか？本当に喫煙を楽しんでいるのだろうか？」答えはノーだった。彼はただ中毒なので煙草を吸っていたのだ。彼は自身に誓った。「よし。今日は俺が煙草を吸う最後の日だ。明日からは二度と煙草を吸わないぞ。」

語句

- break down　故障する
- Boy! [bói]　間　おお、やれやれ、あーあー（愉快、驚き、落胆などを表す）
- ruin [rúːin]　動　損ねる

5

But it was not easy to stop smoking. "This is the last day for me to smoke." How many times did Jun say that to himself? As soon as he got up in the morning, he felt like smoking. He endured and finished breakfast without smoking. But when he went to the convenience store to get lunch, he bought cigarettes, too. Sometimes he resisted the temptation till evening. But when he went for a drink with his friends and saw them smoke, he asked them to give him cigarettes. One time he tried to chew gum instead of smoking. But before long he was chewing gum and smoking. "This is much harder than I thought." Jun almost gave up.

Program Six
禁煙

訳

しかし、禁煙は容易ではなかった。「今日は俺が煙草を吸う最後の日だ。」何度、淳はそう自分に言っただろうか？朝起きるとすぐに彼は煙草を吸いたくなった。彼は我慢して煙草を吸わずに朝食を終えた。しかし昼食を買いにコンビニに行くと、彼は煙草も買ってしまった。時には夕方まで誘惑に耐えた。しかし、友人達と飲みに行き、彼らが煙草を吸うのを見ると、彼らに煙草をくれと頼んでしまった。一度、彼は煙草を吸うかわりにガムを嚙もうとした。しかし、まもなく彼はガムを嚙み、煙草を吸っていた。「これは思ったよりずっと難しい。」淳はほとんど諦めた。

語句

- feel like 〜ing 〜したくなる
- endure [indʒúər] 動 耐える
- resist [rizíst] 動 抵抗する
- temptation [temptéiʃən] 名 誘惑
- chew [tʃúː] 動 かむ

6

ゆっくり —— 1 ▶ 28
ナチュラル —— 1 ▶ 68
リピートポーズ —— 2 ▶ 27

Then one winter Jun had a terrible cold. He had a fever and had to stay in bed for a few days. The worst thing was that he had a terrible sore throat. It was so sore that he could not eat anything. Even when he drank water, he wanted to scream because of the pain. Naturally Jun could not smoke any cigarettes. Even after the fever went away, his throat was sore for a few weeks. When he recovered completely, he found that he did not want to smoke at all. He finally succeeded in giving up smoking. His friends and colleagues were surprised. But Jun was more surprised than anybody else. After he stopped smoking, food tasted very good. He enjoyed eating so much that he put on some weight. But he was happy.

Program Six
禁煙

訳

それから、ある冬、淳はひどい風邪をひいた。彼は高熱を出し、数日間寝ていなければならなかった。最悪な事は、喉がひどく痛くなったことだった。喉が非常に痛くて、彼は何も食べることができなかった。水を飲むときでさえ、痛みのため彼は叫びたくなった。当然、淳は煙草を1本も吸うことができなかった。熱が引いた後でさえ、彼の喉は数週間痛かった。全快した時、彼は全然煙草を吸いたくないことに気づいた。彼はついに禁煙に成功したのだ。彼の友人たちや同僚たちは驚いた。しかし、淳が他の誰よりも驚いていた。煙草をやめた後、食べ物がとても美味しかった。彼は食べることをとても楽しんだので、すこし太ってしまった。しかし、彼は満足だった。

語句

- terrible [térəbl] 形 ひどい
- fever [fíːvər] 名 熱
- have a sore throat 喉が痛い
- naturally [nǽtʃərəli] 副 当然
- recover [rikʌ́vər] 動 回復する

Program Seven
体形と体調の保ち方

How to stay fit

1

Nowadays a lot of people want to lose weight to be healthy or look good. Losing weight usually means losing fat. That means many people have too much fat on their bodies. It is a kind of irony. We can say that the history of human beings is a history of a fight with hunger. For a very long time it has been very hard for people to have enough food to survive. So our bodies have learned to store extra fat in the process of evolution. It is quite recent that it became easy for us to get food. Even today in many parts of the world it is hard for people to get the necessary amount of food. In those parts, being fat is even seen as a symbol of being rich. But it is also a fact that in many economically-developed countries there are many people who need to lose weight for health reasons.

Program Seven
体形と体調の保ち方

訳

この頃では、多くの人が、健康であるために、あるいは、見た目をよくするために（格好よく見えるために）、体重を減らしたいと望んでいます。体重を減らすということは、普通脂肪を減らすことを意味します。それは、多くの人が、体に脂肪が付き過ぎているということです。それは一種の皮肉です。人類の歴史は、飢えとの戦いの歴史と言えます。とても長い間、人々が、生きのびるのに十分な食料を得ることは難しいことでした。それで、我々の体は進化の過程で、余分な脂肪を蓄えるようになりました。食べ物を得ることが我々にとって簡単になったのは、ごく最近のことです。今日でさえ、世界の多くの地域では、人々が必要な量の食物を得ることは困難です。それらの地域では、太っていることは、豊かであることの象徴とさえ見られます。しかし、多くの経済的に発展した国では、健康上の理由から体重を減らすことが必要な多くの人がいることもまた事実です。

語句

- lose weight　体重を減らす
- fat [fǽt]　名　脂肪
- irony [áiərəni]　名　皮肉
- hunger [hʌ́ŋɡər]　名　飢え
- extra [ékstrə]　形　余分の
- evolution [èvəlúːʃən]　名　進化
- amount [əmáunt]　名　量
- symbol [símbəl]　名　象徴
- developed [divéləpt]　形　発展した

2

ゆっくり ——— 1 ▶ 30
ナチュラル ——— 1 ▶ 70
リピートポーズ — 2 ▶ 29

If you want to lose fat, aerobic exercise is very effective to do so. In aerobic exercise, you breathe and take in a lot of oxygen. Walking and jogging are good examples of aerobic exercise. If you take up jogging to lose fat, you don't have to go so fast that you are out of breath. To be clear, you should not. It is important to be able to breathe normally and easily when you are exercising, if your goal is to lose fat. It is also important to continue the exercise for some time (more than 20 minutes) at a time. If you are pretty heavy, it is better not to start with jogging. It might damage your knees. Walking might be a smarter first choice.

Program Seven
体形と体調の保ち方

訳

もし、脂肪を減らしたいなら、そうする（脂肪を減らす）ために有酸素運動がとても効果的です。有酸素運動では、呼吸して、多くの酸素を取り込みます。ウォーキングやジョギングは有酸素運動の良い例です。体重を減らすためにジョギングを始めるなら、息が切れるほど早く走る必要はありません。はっきり言えば、そうすべきではありません。目的が脂肪を減らすことなら、運動をしている時に、普通に、楽に呼吸できることが重要です。一定の時間（20分以上）運動を続けることも重要です。もし体重がかなりあるなら、ジョギングから始めないほうがいいでしょう。膝を痛めてしまうかもしれません。ウォーキングがより賢明な最初の選択かもしれません。

語句

- aerobic exercise　有酸素運動
- effective [iféktiv]　形 効果的な
- oxygen [άksidʒən]　名 酸素
- out of breath　息が切れて
- continue [kəntínju:]　動 続ける

3

ゆっくり ——— 1 ▶ 31
ナチュラル ——— 1 ▶ 71
リピートポーズ 2 ▶ 30

To stay in shape, it is also good to gain muscle by weight training. You might think that if you do weight training and gain muscle, you will become bigger. But it is not so easy to increase muscle. It takes very hard and long training to get big muscles like bodybuilders or wrestlers. It never happens to anyone who does just an ordinary amount of weight training. On the contrary, you will look firm with the proper amount of muscles. Above all, if you are muscular, you don't gain fat so easily. Why? Because muscle uses a lot of energy. So when you have more muscle, you burn more calories in your daily life. If you take up weight training, you should start with big muscles like the ones in your thighs and back. Bigger muscles consume more calories and are easier to get than smaller muscles.

Program Seven
体形と体調の保ち方

訳

体調と体形を保つためには、ウエイト・トレーニングによって筋肉をつけるのも良いです。ウエイト・トレーニングをして筋肉をつけると体が大きくなると思うかもしれません。しかし、筋肉を増やすことはそんなに簡単ではありません。ボディビルダーやレスラーのように大きな筋肉をつけるには、非常にきつい、長期のトレーニングを要します。それは、普通の量のウエイト・トレーニングをするだけの人には決して起こりません。逆に、適切な量の筋肉がつくと締まって見えます。何よりも、筋肉質だとそう簡単には脂肪がつきません。なぜでしょうか？筋肉は多くのエネルギーを使うからです。だから、筋肉が増えると、日常生活でより多くのカロリーを燃やします。ウエイト・トレーニングを始めるなら、腿や背中の筋肉のように、大きな筋肉から始めるべきです。大きな筋肉はより多くのカロリーを消費するし、小さな筋肉よりつけやすいのです。

語句

- in shape　体調、体形などが良い状態の
- gain [géin] 動 得る
- muscle [mʌ́sl] 名 筋肉
- increase [inkríːs] 動 増す
- ordinary [ɔ́ːrdənèri] 形 普通の
- on the contrary　逆に
- firm [fə́ːrm] 形 引き締まった
- proper [prápər] 形 適切な
- thigh [θái] 名 腿
- consume [kənsúːm] 動 消費する

4

We get fat when we take in more calories than we use up. So eating habits are very important if you want to stay in shape. Even if you jog or go to the gym to exercise, that is not enough. If you eat and take in more calories than you have used up in the exercise, you will put on weight. Paying attention to your eating habits is as important as exercise. But you must not go too far. Some people, especially young women who are very self-conscious about their bodies, become too nervous about eating and eat very little food. As a result they become sick and sometimes even die. You should diet to be healthy, not to ruin your health. You should stay in shape by eating and exercising moderately. And of course you can.

Program Seven
体形と体調の保ち方

訳

消費するより多くのカロリーを摂取すると、脂肪がつきます。ですから、体調と体形を保ちたいなら、食習慣がとても重要です。たとえジョギングをしたり、ジムに行って運動をしたりしても、(それは) 十分ではありません。食べて、運動で消費したのより多くのカロリーを摂取するなら、体重は増えるでしょう。食事の習慣に注意を払うことは運動と同じくらい大切なのです。しかし、やり過ぎてはいけません。自分の体を気にしすぎ若い女性が特にそうなのですが、食べることを気にしすぎ、ほとんど食物を食べなくなってしまう人たちもいます。その結果、その人たちは病気になり、時には死ぬことさえあります。健康を損ねるためではなく、健康になるためにダイエットをすべきです。適度に食べ、運動することで体調と体形を保つべきです。そして、もちろんそうすることができます。

語句

- take in　取り込む、摂取する
- pay attention to ～　～に注意する
- self-conscious　気にする
- habit [hǽbit] 图 習慣
- as a result　その結果

Program Eight
ジョーク集—2

Jokes-2

1

ゆっくり —— 1 ▶ 33
ナチュラル —— 1 ▶ 73
リピートポーズ — 2 ▶ 32

A man was hurrying to the bus stop. But he was too late to catch the bus. He thought, "I'll catch the bus at the next stop." So he ran after the bus as fast as he could. But the bus left the next stop before he arrived there. Then he kept running after the bus. At the next stop he failed to catch the bus again. That way he kept running until he arrived at the office without knowing it. He was out of breath but happy that he ended up saving the bus fare. In the evening, when he got back home, he told his wife about what happened in the morning. Then his wife said to him, "Run after a taxi next time and you can save a lot more!"

Program Eight
ジョーク集—2

訳

ある男がバス停へ急いでいた。しかし、彼はバスに間に合わなかった（バスを捕まえるためには遅すぎた）。彼は「次のバス停でバスに追いつこう」と思った。それで、彼はバスを追って（バスの後ろを）できるだけ速く走った。しかし、バスは彼が着く前に、次のバス停を出発した。そこで、彼はバスを追いかけて走り続けた。次のバス停で、彼はまたバスを捕まえそこなった。そうして、彼は走り続け、ついに知らないうちに会社に着いてしまった。彼は息が切れていたが、バスの運賃を節約することになったので満足だった。夕方、帰宅した時、彼はその朝起こったことを妻に話した。すると、妻は彼に言った。「次はタクシーを追いかけなさいよ。そうすりゃもっと節約できるわ！」

語句

○ hurry to〜　〜に急いで行く
○ arrive [əráiv]　動　到着する
○ keep 〜ing　〜し続ける
○ fail to〜　〜しそこなう
○ out of breath　息が切れて
○ end up 〜ing　結局〜する
○ fare [fέər]　名　運賃

2

A little girl said to her mother, "Mom, I want to get married." The mother said, "Oh really? Do you have anyone special in mind?" The little girl nodded shyly. "Yes, I do." The mother said, "Well, let me guess. Is it little Johnny? He is very handsome." Her daughter shook her head. "Well, then is it little Edward? He is very kind." The girl shook her head again. "Well then, tell me who you want to marry." asked the mother. Then the girl said, "I want to marry Grandpa. He is very sweet and generous. Can I marry him?" "Well, that may not be a good idea." said her mother. "I'm afraid I can't let you marry my father." "Why not?" said the girl. "You married mine."

Program Eight
ジョーク集—2

訳

小さな女の子が母親に言った。「ママ、私結婚したいの。」母親は言った。「あら、本当？ 誰か好きな子（頭の中に特別な誰か）がいるの？」女の子は、はにかんでうなづいた。「うん、そうなの。」母親は言った。「ええと、当てさせて。ジョニーちゃんかしら？彼はとてもハンサムよね。」娘は首を横に振った。「ええと、じゃあ、エドワードちゃんかしら？彼はとても親切よね」女の子はまた首を横に振った。「それじゃ、誰と結婚したいのか教えて」と母親は尋ねた。すると女の子は言った。「おじいちゃんと結婚したいの。とても優しくて、気まえがいいもの。私、おじいちゃんと結婚できる？」「うーん、それはいい考えじゃないかもしれないわ」と母親は言った。「あなたを私のお父さんと結婚させることはできないと思うわ。」「なんで、だめなの？」女の子は言った。「ママは私のお父さんと結婚したじゃない。」

語句

○ nod [nád] 動 うなづく
○ shyly [ʃáili] 副 内気そうに、はにかんで
○ shake [ʃéik] 動 (shook [ʃúk] – shook [ʃúk]) 振る
○ grandpa [grǽndpá:] 名 おじいちゃん
○ sweet [swíːt] 形 優しい
○ generous [dʒénərəs] 形 気まえが良い

3

A woman was at a party. She saw a tall, handsome man among the guests. He was standing out. He was in his early thirties and was wearing a very expensive nice suit. There were women around him almost all the time. But a moment came when he was alone. The woman quickly walked up to him. She spoke to him and introduced herself. The man introduced himself, too. His name was Graham. After they had a little conversation, the woman said to the man, "You know, Graham, you look just like my third husband." "Oh, really?" The man said, "How many times have you been married?" The woman answered, "Twice."

Program Eight
ジョーク集—2

訳

ある女性がパーティーにいた。彼女は、招待客の中に、背が高く、ハンサムな男性を見た。彼は目立っていた。彼は30代前半で、とても高級な素敵なスーツを着ていた。彼の周りにはほとんどずっと女性達がいた。しかし、彼が1人になる瞬間が来た。女性は素早く彼のところに歩いて行った。彼女は彼に話しかけ自己紹介した。男性も自己紹介した。彼の名前はグレアムだった。少し話をした後、女性は男性に言った。「あのね、グレアム、あなたって全く私の3番目の夫みたいなの。」「え、本当に？」男性は言った。「君は何回結婚したの？」女性が答えた。「2回よ。」

語句

○ stand out　目立つ
○ introduce [ìntrədjúːs] 動 紹介する
○ conversation [kɑ̀nvərséiʃən] 名 会話
○ husband [hʌ́zbənd] 名 夫

Program Nine
クリスマスプレゼント
O・ヘンリーの短編より

Christmas presents From a story by O. Henry

1

ゆっくり —— 1 ▶ 36
ナチュラル —— 1 ▶ 76
リピートポーズ —— 2 ▶ 35

20世紀の始まり頃、舞台はアメリカのとある町の物語です。

1 Della was at a loss. Tomorrow was Christmas. Although she wanted to buy a present for Jim, all she had was one dollar and eighty-seven cents. Jim was her husband. They were young and loved
5 each other deeply. Della wanted to get something special for her husband whom she loved so much. But what could she buy for just one dollar and eighty-seven cents? Before, Jim was paid thirty dollars a week. But, because of the depression,
10 now he was paid only twenty dollars a week. She tried to be as careful as she could not to waste money. But the expenses were always greater than the budget she made. In their small apartment, Della felt like crying.

Program Nine
クリスマスプレゼント　O・ヘンリーの短編より

訳

デラは途方に暮れていた。明日はクリスマス。ジムのためにクリスマスプレゼントを買いたいけれど、彼女が持っているのは1ドル87セントだけだった。ジムは彼女の夫だ。彼らはとても若く、深く愛し合っていた。デラはこよなく愛する夫のために何か特別なものを買いたかった。しかし、1ドル87セントで何が買えよう？ジムの給料は、以前は、週30ドルあった。しかし、不況のせいで、今は週20ドルしかなかった。彼女は無駄づかいしないように、できるだけ注意していた。しかし、支出は常に彼女の立てた予算を上回った。小さなアパートの中で、デラは泣きたい気持ちだった。

語句

○ depression [dipréʃən] 图 不景気
○ budget [bʌ́dʒit] 图 予算
○ feel like 〜ing　〜したい

2

ゆっくり　　1 ▶ 37
ナチュラル　　1 ▶ 77
リピートポーズ　　2 ▶ 36

Della stood in front of the mirror and let down her hair. Her long, beautiful hair fell about her like a waterfall. There were two things Jim and Della could be proud of. One was Jim's gold watch that was previously his father's and his grandfather's. The other was Della's hair. It was so beautiful. Della put on her hat and left the apartment. She walked until she came to a store. The store had a sign which read, "Hair Goods of All Kinds" Della made up her mind and pushed open the door. "Can I help you?" said the shop-owner, who was a woman in her fifties and looked rather cold. "Will you buy my hair?" said Della. "I buy hair," said the shop-owner. "Will you take off your hat?" Della's hair came down like waves. "I'll pay twenty dollars." The shop-owner said.

Program Nine
クリスマスプレゼント　O・ヘンリーの短編より

訳

デラは鏡の前に立ち、髪をといた。彼女の美しく長い髪が滝のように体の周りに垂れた。ジムとデラが自慢できるものが二つあった。一つは、かつては彼の父のものであり、さらに祖父のものでもあったジムの金時計だった。もう一つはデラの髪の毛だった。それは本当に美しかった。デラは帽子を被り、アパートを出た。彼女はある店に来るまで歩いた。その店には、「毛髪用品全般」と書かれた看板がかかっていた。彼女は意を決すると、扉を押し開けた。「いらっしゃいませ」店主が言った。それは、50代の女性で、冷たい感じだった。「私の髪を買っていただけますか？」デラは言った。「買いますとも」と女主人は言った。「帽子を取ってくれますか？」デラの髪が波のように流れ落ちた。「20ドル払いましょう。」と店主は言った。

語句

○ waterfall［wɔ́:tərfɔ̀:l］名 滝
○ previously［prí:viəsli］副 以前は

3

ゆっくり —— 1 ▶ 38
ナチュラル —— 1 ▶ 78
リピートポーズ — 2 ▶ 37

After she left the shop, Della visited many stores to get a present for Jim. She knew what to buy. Finally at one store she found it. It was just perfect for Jim. No other store had anything like this. It was a platinum chain of good design. She paid for it and hurried home. "I'm sure his watch will look wonderful with this chain. When he looks at his watch, Jim will always feel proud," she thought. When she got home, Della looked at herself in the mirror. The long, beautiful hair was not there anymore. Della felt uneasy. Jim loved Della's long hair. "What is Jim going to say? I hope he won't be angry," she thought. Della waited nervously for Jim to come home.

Program Nine
クリスマスプレゼント　O・ヘンリーの短編より

訳

店を出ると、デラはジムのプレゼントを買おうと、たくさんの店を訪れた。彼女は何を買うべきなのかわかっていた。ついに、ある店で彼女はそれを見つけた。それはまさにジムに相応しかった。他のどの店にもこういうものはなかった。それは良いデザインのプラチナの鎖だった。代金を払うと、彼女は家へ急いだ。「この鎖をつけたらあの時計は素晴らしく見えるに違いないわ。時計を見るとき、ジムはいつも誇らしく感じるわ」と、彼女は思った。アパートに戻って、デラは鏡に映った自分を見た。美しく長い髪はもはやそこになかった。デラは不安な気持ちになった。ジムはデラの長い髪が大好きだった。「ジムは何て言うかしら？怒らないといいのだけれど。」彼女は思った。デラは不安な思いでジムが帰ってくるのを待った。

語句

○ platinum ［plǽtənəm］ 名 プラチナ
○ uneasy ［ʌníːzi］ 形 落ち着かない、不安な

4

Before long Jim came home. When he saw Della with short hair, Jim looked very surprised. He was too surprised to say anything. He looked disappointed, too. Della went near Jim and said, "Don't look at me like that, please. I've sold my hair to buy a present for you. But it will grow again. Please say, 'Merry Christmas.' " Jim said, "That's all right. But if you open this, you will understand why I am a little disappointed." Jim took out a small package from his pocket and put it on the table. When she opened the package and found a beautiful hair ornament, Della cried. "Every time we passed by the window of that store, you always stared at this." Jim said. "But you need long hair to wear it." "Thank you," Della said. Her eyes were full of tears. "Do you know my hair grows very fast?"

Program Nine
クリスマスプレゼント　O・ヘンリーの短編より

訳

やがてジムが帰宅した。短い髪のデラを目にした時、ジムはとても驚いた様子だった。彼はあまりに驚いて、何も言えなかった。同時に、彼はがっかりした様子だった。デラはジムに近づき、言った。「そんなふうにあたしを見ないで。あなたにプレゼントをするために髪は売ってしまったの。でも、また伸びるわ。メリークリスマスって言ってちょうだい。」ジムが言った。「いいんだよ。でもこれを開けたら、僕がなぜ少しがっかりしているのかわかるよ。」ジムはポケットから小さな包みを取り出し、テーブルの上に置いた。それを開け、その中に美しい髪飾りを見つけた時、デラは叫んだ。「僕らがあの店のウィンドウを通り過ぎるたびに、君はじっと見つめていたね。」ジムは言った。「でもこれをつけるには長い髪が必要だね。」「ありがとう」デラは言った。彼女の目には涙があふれていた。「あたしの髪がとても早く伸びるって知っているかしら？」

語句

○ disappointed [dìsəpɔ́intid] 形 落胆した
○ ornament [ɔ́:rnəmənt] 名 飾り

5

ゆっくり	1 ▶ 40
ナチュラル	1 ▶ 80
リピートポーズ	2 ▶ 39

1 "Now look at what I bought for you." Della held the platinum chain in both of her hands, took it to the table and put it there. The chain was shining beautifully like treasure. "It's nice, isn't it? I walked
5 all over town to find it," Della said proudly. "Now take your watch out of your pocket." Jim answered, "It's gone. I've sold it to get the present for you." Della was surprised and became silent. Jim smiled and said to Della, "Let's put our Christmas presents
10 away and keep them for a while. They are too nice to use right now." Della looked up. The two smiled at each other and said, "Merry Christmas."

Program Nine
クリスマスプレゼント　O・ヘンリーの短編より

訳

「さあ、今度は私があなたのために買ったものを見てちょうだい。」デラはプラチナの鎖を両手に持ち、テーブルの方に持っていき、そこに置いた。プラチナの鎖はテーブルの上で、宝物のように美しく輝いていた。「すてきでしょう。あたしはこれを見つけるために町中を歩き回ったの」デラは誇らしげに言った。「さあ、あなたの時計をポケットから出してちょうだい。」ジムが答えた。「それはもうないんだ。君のプレゼントを買うのに売ってしまったんだ。」デラは驚き、黙ってしまった。ジムは微笑みデラに言った。「僕たちのプレゼントを片付けて、しばらくしまっておくことにしよう。今すぐ使うには上等過ぎるからね。」デラは顔を上げた。二人は微笑み合い、言った。「メリークリスマス。」

語句

○ shine [ʃáin] 動 輝く
○ treasure [tréʒər] 名 宝
○ put away [pút əwéi] しまう

Notes

Program One
外国語学習法

1

1行目　〜that 節の文は the number of the languages that exist「存在する言語の数」が首部です。主語は the number なので、be 動詞が単数に対応し is です。

3行目　differences **in** languages「言語の違い」
　日本語の「の」に対し機械的に of を当ててしまいがちです。しかし、日本語と英語の自動的な対応は有りませんので、英語のフレーズの中で、正しい前置詞の選択を覚えましょう。

8行目　〜people became **so** arrogant **that** God turned one original language into many different languages 〜
● so 〜that…　とても〜なので…の構文
類例：He is **so** kind **that** everybody likes him.
　　　彼はとても親切なので皆彼のことが好きだ。

2

4行目　〜teach student **how to read** the literature of〜
疑問詞＋不定詞の文型
類例：I didn't know **what to say**.
　　　私は何と言ったら良いのかわからなかった。
　　　Do you know **where to go**?
　　　どこに行くべきかわかりますか？

Tell me which **book to buy**.
どっちの本を買ったらいいか教えてよ。

12行目　**puts** little importance **on** sound and speaking practice

　音と話す練習に重要性をほとんど置かない＝軽視する

基本動詞と、前置詞の組み合わせの表現です。

類例：**Put** this English sentence **into** Japanese.

　　　この英文を日本語にしなさい。

3

1行目　a method where the first language is not used and only the target language is used

　長い関係副詞節「第1言語は使われず、ターゲット言語だけが使われる」が先行詞の a method を修飾しています。

3行目　the idea that foreign languages should be learned just like the first language was learned

　　　「外国語は第1言語が習得されたのと全く同じように習得されるべきという考え」

●the idea that…「…という考え」　同格の that が使われています。

類例：You have to admit **the fact that you were wrong**.

　　　君は自分が間違っていたという事実を認めなければならない。

12行目　〜, it often takes a lot of time to obtain the ability 〜

　　　形式主語の構文です　it takes 〜to…　…は〜を要する。

類例：How long **did it take you to get there?**
そこに行くのにどれくらい（の時間が）かかりましたか？

4

2行目　~make use of a language a habit~
　　　「言語の使用を習慣にする」
「～にするという」意味の make を用いた svoc の文型です。
類例：The novel made him a famous writer.
　　　その小説は彼を有名作家にした。
　　　The news made us happy.
　　　その知らせは我々を happy にした＝その知らせを聞いて我々は喜んだ。

8行目　In this way student **get to be able to use** basic patterns automatically.
　　　「生徒は自動的に基本文型を**使えるようになります**」
● get to～　～するようになる
例：Gradually she **got to like** him.
　　徐々に彼女は彼が**好きになった**。
　　How did you **get to know** him?
　　どうやって彼と**知り合ったの**？

5

6行目　~puts a great importance on situations **in which** the languages is used.
　　　前置詞を伴う関係代名詞です。

- He put me **in** an awkward situation.

  彼は私を困った立場に追い込んだ。

のように、前置詞 in が必要です。関係代名詞を使う際も、この前置詞はなくなりません。

類例：the table **on** which I put the book

　　　　私が（その上に）本を置いたテーブル

　　　　the guy she is going out **with**　彼女が付き合っている男性

6

3行目　　But **none of** them promises that〜　「しかし、それらのどれも〜を約束しません」

- none of〜　〜のどれも…ない

類例：**None of** the books is interesting.

　　　　その本のどれも面白くない

　　　　I know **none of** the men.

　　　　私はその男性たちの誰も知りません。

10行目　〜, you **do not have to** be a perfectionist.　「完璧主義者になる必要はありません」

- have to〜は「〜しなければならない」　not have to〜は「〜する必要はない」です。
- must も「〜しなければならない」ですが　must not は「〜してはならない」です。

例：You have to speak English.　　英語を話さなければならない。

　　You don't have to speak English.　英語を話さなくてもよい。

　　You must speak Englishl.　　　英語を話さなければならない。

　　You must not speak Englishl　　英語を話してはならない。

Program Two
ついてない日

1
1行目　〜, Ken Yamamoto **was about to** finish breakfast.
　　　「山本健は朝食を終えようとしていた。」
● be about to〜　まさに〜しようとするところである
例：When the phone rang, I **was about to** leave home.
　　電話が鳴ったとき、僕は家を出ようとしているところだった。

7行目　A small mistake or accidents may **lead to** bigger ones.
　　　　小さなミスや事故が大きなものにつながるかもしれない。
● lead to〜　「〜につながる」
　lead の自動詞の用法です。lead 〜to … 「〜を…に導く」という、他動詞の用法と区別して下さい。
　自動詞の用法　→　This road **leads to** the station.
　　　　　　　　　この道は駅に行きます。
　他動詞の用法　→　He **lead her to** his study.
　　　　　　　　　彼は彼女を書斎に導いていった。

2
11行目　He looked **forward to seeing** her every morning.
　　　　「彼は彼女に毎朝会うのを楽しみにしていた」
　look forward to のあとに動詞の原型をおいてしまう間違いが起こりやすいので注意して下さい。名詞、および動名詞が来ます。
類例：誤　→　She is used **to speak** in front of many people.
　　　正　→　She is used **to speaking** in front of many people.

彼女は大勢の人の前で話すことに慣れている。

3

9行目　He **went pale** and panicked.
　　　　「彼は青くなり、うろたえた。」

● go +形容詞　「〜な状態になる」

例：The eggs have **gone bad**.　卵が腐ってしまった。
　　When she heard the news, she **went wild**.
　　その知らせ聞くと、彼女は狂乱状態になった。

4

14行目　**How about having** a drink together?
　　　　「一緒に飲まないかい？」

● How about 〜ing?　「〜するのはどうですか？」

例：**How about going** for a drive on Sunday?
　　日曜日にドライブに行きませんか？

5

7行目　Ken **was surprised to find** that she was the woman he saw on the train every morning.　「彼女が毎朝電車で会う女性なのを知って、健は驚いた。」

不定詞の副詞的用法の感情の原因の文です。

例：They will be **glad to see** you.
　　彼らはあなたに会って喜ぶでしょう。
　　Were you **disappointed to know** the result?
　　あなたは結果を知ってがっかりしましたか？

Program Three
お気に入りの時間

1

3行目　I love my family and being with them.
　　　　「私は私の家族と、そして彼らと一緒にいることが大好きです。」

　my family「私の家族」と being with them「彼らと一緒にいること」が、love の目的語です。

4行目　My job keeps me very busy.「私は仕事で大変忙しい。」
　直訳すれば、「私の仕事は私を忙しく保つ」です。
keep+~(目的語)+…（形容詞）で、「~を…に保つ」の意味になります。
例：She **keeps her room tidy**. 彼女は部屋をきちんとしておく。
　　I **kept the window closed**. 私は窓を閉めたままにしておいた。

12行目　Spending time with them gives me great joy and refreshes me.
　　　　「彼らと一緒に過ごすことが、私に喜びをくれ、リフレッシュしてくれます。」

　動名詞を主部とする文です。give と refresh の2つの動詞が使われています。

2

14行目　I really love **the relaxing way time flows** on Sunday mornings.

「日曜日の朝の、ゆったりした時の流れ方が好きです。」

the way SV　the way の後に完全な文が来て、〜が…する仕方、という意味になります。

例：I like **the way she smiles**.　私は彼女の微笑み方が好きだ。

　　The way he talks gets on my nerves.

　　あいつの話し方は癪に障る。

3

2行目　I **enjoy having** lunch with friends〜

　　　「友人とランチを食べることを楽しむ」

● enjoy 〜ing　〜することを楽しむ

　enjoy は動詞を目的語に取る場合、動名詞しか使えません。同じように動名詞だけが目的語となる動詞には、avoid, mind, finish などがあります。

例：You should **avoid arguing** with him.

　　彼と言い争うのは避けるべきだ。

　　Would you **mind closing** the door?

　　ドアを閉めてくれませんか？

　　When did you **finish reading** the book?

　　いつ本を読み終わりましたか？

4

6行目　This is the moment I have looked forward to all the day.

　　　「これは私が1日中楽しみに待っていた瞬間です。」

　the moment が関係代名詞説に修飾されています。目的格なので、関係代名詞（which あるいは that）が省略されています。

Program Four
ジョーク集— 1

1
17行目　I will miss you!　「あなたがいなくなって寂しくなるわ」
　若い恋人のこのセリフは、もうお別れよという意味になります。
例：If you leave Japan, everybody will miss you.
　　君が日本を発ったら、みんなさびしがるよ。

2
2行目　They **managed to** swim to a deserted island
　　　　「彼らは何とか無人島に泳ぎ着いた。」
- manage to〜　なんとか〜する
例：I **managed to** persuade my wife.
　　何とか妻を説得した。
　　How did you **manage to** get that information?
　　どうやってその情報を手に入れたの？

3
1行目　A very rich businessman **was going to** travel on business.
　　　　とてもお金持ちのビジネスマンが出張する予定だった。
- be going to 〜　〜つもりである、予定である
例：When **are you going to** return to Japan?
　　いつ日本に戻る予定ですか？
　　They **are going to** launch a new project next week.
　　彼らは、来週新しいプロジェクトに乗り出す

Program Five
さまざまなアナウンス

1
1行目　Want to learn English?　「英語を習いたいですか？」

　Do you want to learn English?　をくだけた感じで、いきなり動詞から言っています。

類例：Want a ride?　（車に）乗せていこうか？

　　　Have a break?　一休みしようか？

10行目　It takes only five minutes to walk to our school from the station.

　　　　「我校に駅から歩い来るのに、5分しかかかりません。」

　形式主語の it が使われる文型。真主語は to 不定詞の部分です。
- It takes ～ to…　　…するのに～を要する

例：How long did it take you to learn Japanese?

　　日本語を覚えるのにどれ位かかりましたか？

2
6行目　All you have to do is attach the Super Diet machine～

　　　　「あなたは、スーパー・ダイエット・マシンを取り付ければいいだけです」

　All you have to do の主部は、all を先行詞に持つ関係代名詞節（関係代名詞 that が省略されています）で、直訳すれば、「あなたがしなければならないすべて」ですね。また、to attach ではなく、to のない原形不定詞になっているのは、be 動詞の補語になっているからです。be 動詞の補語になる場合、to 不定詞と原形不定詞の両方が

可能ですが、口語では省かれることが多いです（その場合主部にdoが含まれていることが多い）。

例：All you have to do is do it as I told you.
　　君は私が言ったようにやればいいだけだよ。
　　All I had to do was water the flowers in the garden.
　　僕は庭の花に水をやればいいだけだった。

3

5行目　I thought of giving up writing many times.
　　　　「何度も書くのをやめようと思いました。」
● think of 〜ing　〜することを考える
例：When she first met him, she didn't even **think of marrying** him.
　　「彼と初めて会った時、彼女は彼と結婚しようとは思いもしなかった。」

12行目　I would like to keep writing novels that will please my dear readers.
　　　　「大切な読者を喜ばせる小説を書きたいです。」

　関係代名詞節で、pleaseが喜ばせるという他動詞として、使われています。初級レベルの学習者には、受身の分の中で覚えた他動詞を、受け身の使い方（過去分詞）しか、理解できないという傾向があるので、元の他動詞の使い方をしっかり理解しましょう。

例：妻は私のプレゼントに喜んだ。
　　　　　↓
My wife **was pleased** with my present.　受動態
My present **pleased** my wife.　　　　　能動態
彼らはその知らせに驚いた
　　　↓
They **were surprised** at the news.　受動態
The news surprised them.　　　　　　能動態

4

13行目　Then you will understand why people fall in love with it.
「そうすれば、なぜ人々がムチャ島に惚れこんでしまうのかわかるでしょう。」

間接疑問文が使われています。疑問文の部分に倒置が起きません。

例：Do you know **why they broke up**?
何で2人が別れちゃったのか知ってる？

I asked him how **he was going to carry out the plan**.
私は彼に、どのようにその計画を実行するつもりなのか尋ねた。

Program Six
禁煙

1

3行目　Some of them gave Jun their cigarettes and **had Jun smoke** them.

「彼らの何人かが淳に自分たちの煙草を与え、淳に吸わせた。」

　make, have, let は使役の用法を持ち、使役動詞＋〜（目的語）＋…（動詞の原形）の形で「〜に…をさせる」の意味になります。make は強制感が強く、have はそれよりソフトな感じ、let はしたいことをさせる、あるいは自然に任せる感じです。

例：As a punishment, the teacher **made the students clean** the classroom.
　　罰として、先生はその生徒達に教室を掃除させた。
　　He **had his secretary type** his letter.
　　彼は秘書に手紙をタイプしてもらった。
　　My brother **let me drive** his car.
　　兄は僕に彼の車を運転させてくれた。

2

4行目　**As he worked there**, he smoked more and more.
　　　　そこで働くうちに、彼はますます煙草を吸うようになった。

　従属節を導く、接続詞 as はさまざまな意味を持ちます。文脈にそって、意味を判断する必要があります。

例：As he grew older, he became strong.
　　「成長するにつれて、彼は丈夫になった。」
　　〜するにつれて

As he was sick, he couldn't go on a picnic.
「病気だったので、かれはピクニックに行けなかった。」
〜なので（理由）

As I was reading, there was a knock on the door.
「僕が読書をしている時、誰かがドアをノックした。」
〜時

Do it as I told you.
「私が言ったようにやりなさい。」
〜ように。

3

1行目　**While he was eating** lunch, Jun lit a cigarette as usual.
　　　「食事をしている間、いつものように淳は煙草に火をつけた。」

● while …　…の間
例：While I was studying, my brother was watching TV.
　　僕が勉強している間、弟はテレビを見ていた。
　　What were you doing while I was out?
　　私が留守の間、あなたは何をしていましたか？

4

1行目　**The company Jun worked for** was on the third floor of a building.
　　　「淳が働いている会社は、ビルの三階にあった」

　the company Jun worked for　「淳が働いている会社」までが主部です。companyの後の関係代名詞which（あるいはthat）が省略されています。「〜で働く」はwork forですから、関係代名詞

151

で for を落とさないように注意して下さい。

類例：This is the very book I have been looking for.
　　　これは僕が探していたまさにその本です。
　　　The girl he is going out with is a former model.
　　　彼は付き合っている女性は元モデルだ。

5

8行目　But when he went for a drink with his friends and **saw them smoke**, he asked them to give him cigarettes.
　　　「しかし、友人達と飲みに行き、彼らが煙草を吸うのを見ると、彼は彼らに煙草をくれと頼んだ。」

● 知覚動詞＋目的語＋原形不定詞のパターン。

類例：I **listened to her play** the piano.
　　　私は彼女がピアノを弾くのを聴きました。
　　　Have you ever heard him tell a joke?
　　　君は彼が冗談を言うのを聞いたことがあるかい？
　　　Did you feel the ground shake?
　　　あなたは地面が揺れるのを感じましたか？
　　　She noticed someone come in the room.
　　　彼女は誰かが部屋に入るのに気付いた。

6

2行目　The worst thing was that he had a terrible sore throat.
　　　「最悪なことは喉がひどく痛くなったことだった。」

　that 節が the worst thing の補語になっています。

類例：The problem is that he doesn't understand Japanese.

問題は、彼が日本がわからないと言うことだ。

4行目　It was **so** sore **that** he could not eat anything.
　　　「とても痛かったので彼は何も食べられなかった。」
- so〜that…　とても〜なので…

例：He is **so** good-looking **that** he is very popular among girls.
　　彼はとてもハンサムなので、女の子にとても人気がある。
　　I was **so** sleepy **that** I couldn't study anymore.
　　とても眠かったので、それ以上勉強できなかった。

Program Seven
体形と体調の保ち方

1

9行目　It is quite recent that it became easy for us to get food.

　形式主語 it を用いた文です。文頭の it は that 以下の「食べ物を得ることが我々にとって簡単になった」を表しています。

＊ it is 〜that…の類例
It is surprising that their business has become so big in such a short span of time.
彼らのビジネスがそんなに短期間で大きくなったのは驚くべきことだ。
Is it true that he lived in Japan for 3years?
彼が日本に3年住んでいたのは本当ですか？

　that 節でも形式主語 it が使われています。ここでの it は to 不定詞の内容「食べ物を得ること」を表しています。

8行目　〜, being fat is even seen as a symbol of being rich.
　being fat「太っていること」が動名詞の主部になっています。

＊ be 動詞の動名詞主語の類例
Is working for the company interesting?
その会社で働くのは面白いですか？

Being a mother is wonderful.
母親であることは素晴らしい。

2
6行目　To be clear, 〜
　不定詞が独立して、文を修飾する「独立不定詞」です。

＊独立不定詞の例
　to be exact　正確にいえば
　to be frank with you　率直に言えば
　to begin with　まず最初に

3
15行目　Bigger muscles consume more calories and are easier to get than smaller muscles.
　動詞 consume と are の共通の主語が muscles です。

●easier to get　得易い
類例：This book is **easy to read**.
　　　この本は読みやすい。
　　　Is the building **easy to find**?
　　　その建物は見つけやすいですか？

4
11行目　eat very little food
　little は量が極めて少なく「ほとんど〜ない」という否定的な意味になります。

例：He has **little** money.
　彼はお金をほとんど持っていない。
　　　　　↓
　　a little は、「少し、いくらか」で否定的な意味にはなりません
　He has **a little** money.
　彼はお金を少し持っている。

Program Eight
ジョーク集—2

1
5行目　Then he **kept running** after the bus.
　　　　それから彼はバスを追いかけて走り続けた。
- keep 〜ing　〜し続ける

例：The little girl **kept crying**.
　　女の子は泣き続けた。
　　Don't stop. **Keep walking**.
　　止まらないで。歩き続けなさい。

6行目　〜he **failed to** catch the bus again.
　　　　　彼はまたバスを捕まえそこなった。
- fail to〜　〜しそこなう

例：He **failed to** persuade them.
　　彼は彼らを説得しそこなった。
　　Don't **fail to** come on time.
　　時間どおりに来そこなうな→必ず時間どおりに来なさい。

2
12行目　I am afraid I can't let you marry my father.
　　　　「あなたを私のお父さんとは結婚させてあげられないと思うわ」
- I am afraid 〜　〜だと思う。
　〜の内容が、よくないこと、否定的なことである時に使います。

例：Everybody is looking forward to the picnic. But I am afraid it will rain tomorrow.
　　皆ピクニックを楽しみにしているけれど、でも明日は雨が降ると思います。
　A：We are going to have a party on Saturday. Can you come?
　　土曜にパーティーを開くんだ。来られるかい？
　B：I'm afraid I can't.
　　行かれないと思うよ。

3
10行目　～you look just like my third husband.
　　　　「あなた、私の3番目の夫みたいなの」
　この女性の結婚歴は2回。つまり、彼と3回目の結婚をしたいというわけです！

Program Nine
クリスマスプレゼント　O・ヘンリーの短編より

1
10行目　She tried to be **as careful as she could** not to waste money.

　　　「彼女は無駄遣いしないようにできるだけ注意した。

● as 〜as one can　できるだけ〜

例：He ran **as fast as he could**.　彼はできるだけ速く走った。
　　Read **as many books as you can**.
　　できるだけ多くの本を読みなさい。

　不定詞の副詞的用法の目的の否定では、to の前に not を置きます。
● not to 〜　〜しないように

例：He left home early **not to miss the bus**.
　　彼はバスに乗りそこなわないように早く家を出た。

2
3行目　There were two things Jim and Della could be proud of.

　　　「ジムとデラが誇れる２つの物があった。」
　things の後の関係代名詞が、省略されています。

類例：Is this **the book you are looking for**?
　　　これが、あなたが探している本ですか？
　　　The people I work with are nice.
　　　僕の同僚たちは感じが良い。

3

13行目　Della waited nervously for Jim to come home.
　　　　「デラはジムが帰ってくるのを心配しながら待った」

● wait for ～to…　～が…するのを待つ

例：She was **waiting for him to say something**.
　　彼女は彼が何か言うのを待っていた。
　　Let's **wait for him to finish the work**.
　　彼が仕事を終えるのを待とう。

4

2行目　He was **too surprised to say anything**.
　　　　「彼はあまりにも驚いて何も言えなかった。」

● too ～to…　あまりに～で…できない

例：This box is **too heavy to carry**.
　　この箱は重すぎて持ち運べない。
　　Russian was **too hard for me to learn**.
　　ロシア語は難しすぎて僕は覚えられなかった。

8行目　～, you will **understand why I am a little disappointed**.
　　　　「なぜ僕ががっかりしているのかわかるだろう。」
　　間接疑問文です。間接疑問文では疑問文の倒置が起こりません。

Where **does she live**?　彼女はどこに住んでいますか
　　　↓
Do you know where **she lives**?
彼女はどこに住んでいるか知っていますか？

How **did you do** it?　どのようにそれをしたのですか？
　　　↓
Please tell me how **you did** it.
どのようにそれをしたのか教えて下さい。

5

1行目　Now look at **what I bought for you**?
　　　　　「さあ、私があなたのために買ったものを見ましょう。」
　関係代名詞の what を用いた文です。関係代名詞 what は先行詞を伴いません。

例：**What he says** is different from **what he does**.
　　彼が言うことはすることと違う→彼は言うこととやることが違う。

　　This is **what I want you to look at**.
　　これがあなたに見てもらいたいものです。

私と音読

中学時代の転機

　1958年生れの私は、同世代の多くの人と同じように、中学に入学して初めて、英語の学習を始めました。本が好きで、翻訳ものも愛読していた私には、外国や外国語への憧れがありました。いずれ原書で小説や詩を楽しみ、また外国で暮らすことも夢見ていたので、学科としての英語にもそれなりの意欲を持って取り組み、まずまずのスタートを切りました。とはいえ、もともと優等生タイプからはほど遠く、定期テストでは、綴り間違い、ピリオド、クエスチョン・マークのつけ忘れ、問題の意図の取り違えなどのケアレスミス連発で、5段階の3〜4と凡庸な成績でした。

　中学英語は、英語の習得の成否を決定付ける本質的な基礎部分です。私は中学時代に、当時は気付きもしませんでしたが、3つの転機を経験し、この基礎をしっかりとマスターすることとなりました。

　最初の転機は、中学2年の1学期でした。私は父に頼んでLL機能なるものの付いた語学学習用のカセットテープ・プレイヤーを買ってもらいました。学校で使われていた英語教科書の準拠レコードを買い、それをカセットテープに録音して、音声的トレーニングを始めました。リスニングして、モデル音声を真似て声に出し、最終的にはテキストを見ないでリピーティングをできるようにする。仕上げとして、訳文から元の英文を再生しました。音読パッケージの原

型ともいえる方法です。ただ、この方法を毎日規則的に行っていたわけではなく、定期テストが近づくと、その対策として間歇的(かんけつ)に行っていただけでした。しかし、この年齢の吸収力には素晴らしいものがあります。このトレーニングにより、私の英語の基礎力は向上していきました。知らぬうちに、学習しているテキストレベルのものなら音声と意味が一致して、直読直解ができるようになっていましたので、英語体質ができていたのでしょう。英語の成績も上がりました。

　とはいえ、注意力散漫な性格は容易に治るわけもなく、相変わらず、つまらぬケアレスミスが頻発していましたので、5段階評価の3〜4をふらついていた成績が、4に落ち着いたというのがせいぜいでしたが。しかし、これは大きな喜ばしい変化でした。頭の良さや、そつの無さで私より良い成績を収めていた秀才たちに比べ、初歩的とはいえ英語体質を作った私は、言語として英語を使う方向へ、より大きな一歩を踏み出していたからです。

　2つ目の転機は、中学2年の3学期だったと思います。英語を担当していた女性の先生が産休のため、臨時の講師の方がいらっしゃいました。もうお名前も覚えていないのですが、定年間近の、中学生の目には老人と映る男性の先生でした。しかし、この先生は英語に対する情熱に溢れた方で、我々生徒達に英語という言語を身につける意義を説き、授業外でも身につける努力を続けることを促しました。これも、これをしろ、あれをしろと一方的な指図をするのではなく、何よりも御自身が英語の学習が好きで、その価値を、熱意を持って伝えるといった感じでした。

　先生は音読の重要性を強調し、教科書を何度も音読し、それ以外

にも NHK ラジオの英語講座を積極的に利用し、そのテキストを音読することも勧めていました。授業中にも自ら教科書を音読して、その後を生徒に何度も復唱させていました。その音読の声の大きさと独特のイントーネーションは、そこはかとなくユーモラスで、授業が終わり、先生が教室を去られた後、その口調を真似る生徒などもいました。しかし、私は大いに刺激を受け、テスト勉強期間以外にも、教科書を音読したり、先程述べた音読パッケージの原型を行うことが多くなりました。

　老先生の熱意は徐々に伝わっていたようで、その感化を受けたのは、私一人ではありませんでした。ある日友人の一人と、この先生の話になったときです。「なんかあの先生凄いよな。」と感じ入ったように彼は言うのです。この友人は英語の成績が学年トップで、特に発音の良さから、いつも授業中の模範音読の指名を受けていました。英語の音声面に敏感な彼は、老先生の発音を笑っていた生徒の一人でした。私がそのことを指摘すると、彼は少しばつが悪そうに言いました。「まあ、あの先生、発音にクセがあるし、最初笑っていたけどさ。なんかすごいんだよな。勉強の仕方なんか参考になるし。」先生の英語に対する情熱、指導に対する誠実な姿勢は、学ぶ用意ができた者には、確実な影響を与えていたのでしょう。やがて正規の先生が復帰され、老先生は短期の任期を終えて、いらした時と同じように、さりげなく我々の学校を去られました。

　3つ目の転機は、3年次の夏休みが近づいた頃に訪れました。相変わらず英語に関しては、音読中心の学習をして着実に力も伸び、実力テスト等での成績もまあまあだったのですが、どうも一皮剥き切れない状態でした。ケアレスミス癖は相変わらずだったのと、文法

問題にも弱点がありました。

　当時私の妹が、中学校で英語教師をされていたことのある女性から、英語を教えてもらっていたのですが、母から、翌年受験を控えているのだから、おまえも見てもらったらどうかと言われ、友人と2人でお世話になることにしました。授業は、薄目の文法問題集を使い、問題を一つずつ音読しながら解いていくという、非常に淡々としたものでした。一緒に始めた友人はすぐに飽きてしまい止めてしまったのですが、しばらく授業を受けた時点で自分の英語力に変化が起きているのを感じていた私は、一人でこの先生の元に通い続けました。楚々とした美人である先生との個人レッスンは、思春期真最中の中学3年生には楽しみな時間でもありました。

　数か月経た後、私は自分の英語力、特に文法面に大変化が起きていることがはっきりとわかるようになりました。英文を見た時に、それが文法的に正しいのか否かが、即座に直感的にわかるようになっていたのです。文法問題を解く際に、答え合わせをして頭で理解するだけでなく、問題文そのものをすべて音読した結果でした。ケアレスミス癖もほとんどなくなっていました。実力テストなどでも、ほぼ満点が取れるようになっていました。こうして、私は中学時代に、音読を通じて、一生ものの英語の基礎力を授かったのでした。

　高校3年間、私はまったく勉強をせず、読書と詩作、そして、部活動の柔道だけをして過ごしました。当然、学業成績は振るわず、高校入学時には得意だった英語も例外ではなく、高校3年の11月頃受けた大手予備校の全国模試では、偏差値40台に低迷していました。しかし、浪人して受験勉強を開始するとすぐに英語の成績は急上昇

し、夏頃受けた模擬試験では偏差値70を超えるようになっていました。これは、別に私のできが良いわけではなく、中学時代に培った基礎力の賜物でした。音読で肉体化した英語力は、単なる知識とは違い、決して霧散することはなく、種火のように小さく静かに燃え続けていて、数年を経て始めた猛勉強で、すぐに勢いを得、燃え盛ったのです。

　大学の仏文科に入った私ですが、入学した途端、高校から浪人期に夢中になっていたフランス文学より、英米の作家たちに引かれるようになり、彼らの作品を原書で読めるようになること、ひいては英語という言語そのものを身につけたいと思うようになりました。

　しかし、20歳で開始した英語習得修業はなかなか軌道に乗りませんでした。英語を身につけるための効果的な方法を見出そうとするものの、何をどうしていいのかわからないのです。今でこそ日本国内で高度な英語力を獲得した方々が、惜しげもなくそのさまざまな方法論を出版物やインターネット上のサイトで開陳して下さる時代ですが、当時はそういう情報がほとんどありませんでした。
　努力は惜しまない決意でしたが、そもそも体系的な方法がわからないので、これを試してダメ、あれを試してダメという状態で、ほぼ2年間迷走状態が続きました。そんなある日、国弘正雄氏の著作を書店で手に取ったのです。同時通訳の神様と謳われた国弘氏は、その著作の一項で、音読の意義・効果を説かれていました。私はその説を全面的に受け入れ、氏が「只管朗読」と称されるその方法を実行に移すことにしました。

　私は早速書店で中学3年分の教科書ガイドとその音源を買い求め、

音読トレーニングを開始しました。注意深くモデル音声を聴き、英文の音読を繰り返しました。この時期のトレーニングは1日5時間前後に及び、国弘氏の勧める500回の音読を全学年分100×5のサイクル法で一挙に完成しました。これにより私の英語学習は、迷走状態から抜け出し、安定した軌道に乗ることになりました。

　もちろん、これだけで英語が自由に使えるようになったわけではありませんが、長く続いた、精神を蝕むような堂々めぐりの状態から抜け出し、自分は確かに進歩し始めているという実感を得たのです。

　ある意味、中学2年のスタイルに戻ったとも言えますが、当時とはモティベーションもトレーニング量も全く違います。あるレベルの英語力に達するまで、私は数年の努力、音読以外のさまざまな学習・トレーニングの実行、試行錯誤を重ねていきましたが、音読が太い軸となっていました。

音読と意味理解

　大学の仏文科に入学したものの、まったく勉強しないまま中退してしまった私ですが、いずれフランス語を習得するつもりでいました。30代後半に、大学を中退してからずいぶんと時を経てしまいましたが、私はようやくフランス語の学習を始めました。しかし、英語学習と指導の経験がありましたので、学習法やプランについては迷いがありませんでした。けだし、経験とはありがたいものです。1年くらいかけ、文法の基礎をマスターし、一定の読解力と5000語程度の語彙を身に付けてから、私はフランス語の本格的音読パッケージ・トレーニングに入りました。しかし、そこで思わぬ事態に直面

することになりました。

　いざ音読パッケージを始めてみると、音と意味が一致しないのです。鉄則通り、読んでしまえばたちどころに理解できる素材を使っているにも関わらず、声を出して読み上げると、意味の理解がついていきません。音読がうつろな器のようになってしまう状態です。
　これは、初級レベルの生徒さんに英語を指導していると良く訴えられる問題です。英語体質ができていないので、文字を読んで知的に理解できる文でも、音声で感覚的に理解できないのです。ただ、音と意味のこのようなすれ違いを、私はそれまで経験していませんでした。

　英語に関しては、13歳という非常に若い年齢で音読トレーニングを始めていましたので、この問題はそれと知らぬうちにするりとクリアしていたからです。「ああ、生徒さん達が苦しむのはこれなのか」と、私はこの状況に至って冷静でした。むしろ得がたい経験だと喜んで受け入れました。
　外国語を教える者は、生徒さんがつまずくすべての障害を、自分自身経験しているべきだからです。幸か不幸か、外国語に対してまったく凡庸な適性しかない私は、英語を学習する過程でありとあらゆるつまずきを経験しました。しかし、「音と意味の一致」だけは例外でしたので、良い機会だと思ったのです。

　もうひとつ私が慌てなかったのは、英語を学んだ経験から、この問題は音読パッケージを続けさえすれば、ほどなく解決することがわかっていたからです。私は淡々とトレーニングを続けました。しかし、状態がすぐに変わることはありませんでした。まず、当時勤

めていた職場を辞める間際だったので、通常の仕事以外にも引き継ぎ業務などがあり、トレーニングに使える時間が限られていました。次に年齢の問題です。私は30代後半に入っていて、フランス語の学習を始めた当初から、10代の時分はもとより、英語トレーニングに励んでいた20代の頃と比べても、吸収能力や速度が衰えていることを感じていました。しかしそれを気に病むことはありませんでした。なにかをしようと決めたなら、その時の自分と折り合い、できることをするしかありません。「ああ、自分はもう年をとり過ぎている」と嘆息する人は、往々にして、どれほど若かろうが、常に精神的に「年をとり過ぎている」ものです。

また、素晴らしい機会が私を待っていました。退職してから次の仕事に就くまで2カ月ほどの休暇をとり、その間、フランスで過ごすことになっていたのです。私は、31歳から3年ほどアイルランドで暮らしたのですが、彼の地で知り合ったフランス人の友人と連絡を取り合っていました。ある日彼女から国際電話が入り、近況を教えあった際、フランス語を学習していること、じきに仕事を辞めることを話しました。すると、「じゃあ、フランスに来て、私のところに泊まればいいじゃない」と誘ってくれたのです。渡りに船とはこのことです。

仕事を辞めると私はフランスに旅立ちました。友人はフランスの地方都市で、ご両親が投資で買った立派な家で暮らしていました。彼女の他に、大学に通う女性が下宿していたのですが、友人が事前に話を進めてくれて、フランスでの滞在中、彼女が私のフランス語会話の個人教授をつとめてくれることになっていました。朝、マドモアゼル達の小鳥のさざめきのごときフランス語の会話に耳を傾け、

カフェオレをすすりながら一日が始まるという、まことに幸福な日々でした。

　しかし、私のフランス滞在の最大の目的はフランス語の集中学習でした。午後2時間のフランス語の個人レッスン以外は、私はほとんど部屋に籠り、フランス語の勉強、特に音読パッケージに励みました。音読パッケージを1日5~6時間行っていたと思います。フランスに来て1週間が過ぎ、1日のオフを入れ、友人と家庭教師の女子大生と共に町に出て気分転換した後、2週目が始まりました。

　2週目のある日、突然、音読パッケージをしている時に感覚が変化しました。音読をしながらスムーズに意味が理解できるのです。リスニングをしても、はるかに良くわかります。前日までとは全く違う感覚でした。たとえば、車をローギアで発進してしばらく引っ張り、セカンド、サード、トップとギアを切り替え、スピードに乗り走り出したような感じでした。

　これ以降、家庭教師の女子大生嬢との会話も多いに弾み出し、彼女も「何が起きたのかしら？」と大きな目をさらに大きくしました。行儀の良い私は、「もちろん君のおかげだよ。」と彼女に謝辞を述べましたが、最大の原因は音読パッケージの猛トレーニングでした。

　フランスに来る前に、短時間ながら数か月続けていた音読パッケージの効果も、顕現していなくても確実に蓄積していたでしょう。それに10日程の1日5時間を超えるトレーニングが加わることで、蓄えられていた効果が堰を切り、体質変化を引き起こしたのです。もちろん私のフランス語のレベルはまだ取るに足りないものでしたが、私は待望していた体質変化が起きたことに満足でした。外国語を言語として使いこなせるようになるためには、どこかでこの変化を起

こさなければならないからです。この体質変化を経なければ、文字だけに頼り、辞書と首っ引きで何冊の原書を読もうが、どれほど多くの単語を覚えようが、その言語を対岸から眺めているに過ぎません。

　本書で音読パッケージを開始されたものの、なかなか音読に意味理解が伴わず、不安や焦りを感じている方もいるかもしれません。しかし、音と意味が一致するようになる「体質変化」は、必ず誰にでも起こりますので、粘り強くそして楽天的にトレーニングを続けて下さい。

著者略歴

森沢洋介
もりさわようすけ

1958年神戸生まれ。9歳から30歳まで横浜に暮らす。
青山学院大学フランス文学科中退。
大学入学後、独自のメソッドで、日本を出ることなく英語を覚える。
予備校講師などを経て、1989～1992年アイルランドのダブリンで旅行業に従事。TOEICスコアは985点。
現在千葉浦安で学習法指導を主眼とする、六ツ野英語教室を主宰。
ホームページアドレス　http://homepage3.nifty.com/mutuno/

［著書］　英語上達完全マップ
　　　　CD BOOK どんどん話すための瞬間英作文トレーニング
　　　　CD BOOK スラスラ話すための瞬間英作文シャッフルトレーニング
　　　　CD BOOK ポンポン話すための瞬間英作文パターン・プラクティス
　　　　CD BOOK バンバン話すための瞬間英作文「基本動詞」トレーニング（以上ベレ出版）
　　　　［音声DL付］英語構文を使いこなす瞬間英作文トレーニング　マスタークラス

◎ CDの内容　◎ DISC1　77分28秒　　　DISC2　77分57秒
　　　　　　　◎ ナレーション　Howard Colefield・Carolyn Miller
　　　　　　　◎ DISC1とDISC2はビニールケースの中に重なって入っています。

CD BOOK みるみる英語力がアップする音読パッケージトレーニング
えいごりょく　　　　　　　おんどく

2009年11月25日　初版発行 2024年3月31日　第33刷発行	
著者	森沢洋介 もりさわようすけ
カバーデザイン	OAK 小野光一
イラスト・図表	森沢弥生

© Yosuke Morisawa 2009, Printed in Japan

発行者	内田真介
発行・発売	ベレ出版 〒162-0832 東京都新宿区岩戸町12レベッカビル TEL　03-5225-4790 FAX　03-5225-4795 ホームページ http://www.beret.co.jp/ 振替 00180-7-104058
印刷	三松堂印刷株式会社
製本	根本製本株式会社

落丁本・乱丁本は小社編集部あてにお送りください。送料小社負担にてお取り替えします。本書の無断複写は著作憲法上での例外を除き禁じられています。購入者以外の第三者による本書のいかなる電子複製も一切認められておりません。

ISBN978-4-86064-246-4 C2082　　　　　　　　　　　編集担当　綿引ゆか

六ツ野英語教室

本書の著者が主宰する学習法指導を主体にする教室です。

🐱 **電話**
047-351-1750

🐱 **ホームページアドレス**
homepage3.nifty.com/mutuno/

🐱 **所在地**
千葉県浦安市北栄 1-16-5 東カン グランドマンション 310
浦安駅から徒歩 1 分

🐱 **コース案内**

レギュラークラス…週一回の授業をベースに長期的な学習プランで着実に実力をつけます。

カウンセリング…英語学習上のアドバイス、学習プラン作成のお手伝い、学習メソッドの個人指導など学習者の必要に柔軟に応えます。

トレーニング法セミナー…本書で紹介した「瞬間英作文トレーニング」の他、「音読パッケージ」、「ボキャビル」などトレーニング法のセミナーを定期開催します。